Juliane Endlich

Das kleine Kind und seine Bekleidung

Verlag Freies Geistesleben

Die Deutsche Bibliothek – CIP-Einheitsaufnahme

Endlich, Juliane:
Das kleine Kind und seine Bekleidung / Juliane Endlich. –
Stuttgart: Verl. Freies Geistesleben, 1995
(Arbeitsmaterial aus den Waldorfkindergärten; 17)

ISBN 3-7725-0389-6

NE: GT

© 1995 Verlag Freies Geistesleben GmbH, Stuttgart
Illustrationen und Einband: Angelika Wolk-Gerche
Druck: Greiser Druck, Rastatt

Inhalt

5

«Wir werden ja zunächst als Kind hineingestellt in das Dasein in einer solchen Lebensepoche, in der von Freiheit eben noch nicht die Rede sein kann, soweit der irdische Impuls in Betracht kommt. Und wie vieles hängt doch von der Art und Weise ab, wie wir als Kind in das Dasein hineingestellt werden! Welche Fähigkeiten da aus unserem Innern herausgeholt werden, welche Wege uns zugewiesen werden, das ist von einer unendlich großen, schicksalsmäßigen Bedeutung in unserem ganzen Erdenleben. Gewiß, wir können dann später mehr oder weniger als selbständige Menschen in unser eigenes Schicksal eingreifen, aber wir können das doch nur an dem Platze, den uns die Kindheit angewiesen hat.»

Rudolf Steiner[1]

Zur Einführung

In einer Zeit, in der mit Veröffentlichungen und Ratschlägen von allen Seiten, vor allem aber auch mit Werbung nicht gespart wird, bewirkt diese Informationsflut nicht selten eher Orientierungslosigkeit.

Das gilt in besonderer Weise auch für die Frage nach der Qualität unserer Textilien und einer wirklich menschengemäßen Bekleidung. Die Qualität von Textilfasern und Stoffen richtet sich heute im allgemeinen nach Kriterien wie: Reißfestigkeit, Scheuerfestigkeit, Pflegeleichtigkeit oder dem Knitterverhalten, also nach den Gebrauchseigenschaften der Textilien selbst. Die individuellen Bedürfnisse ihrer Träger, der Menschen, für die diese Kleidung ja eigentlich gemacht wird, können von den modernen Textilfasern nur annäherungsweise befriedigt werden. Auf dem Gebiet der Ernährung besteht kein Zweifel darüber, daß ihre Qualität auf die Bedürfnisse des Menschen abgestimmt sein muß, aber die Bekleidung wird als eine ganz äußerliche Angelegenheit betrachtet, die jenseits der Grenzen des Organismus – jenseits der Haut – liegt. Es muß ein Verständnis dafür er-worben werden, daß die Haut nicht nur den Körper begrenzt, sondern vor allem vermittelnde Funktionen hat, daß sie ein großes, umweltoffenes Organ ist, welches einen lebendigen Austausch zwischen innen und außen ermöglicht. In besonderem Maße gilt das für das kleine Kind. Aufgabe dieses Buches ist einerseits, die Eigenheiten der kindlichen Organisation zu charakterisieren und daneben zugleich auch die Herkunft und Beschaffenheit der modernen Textilien anzusprechen.

Alles was über die textilen Rohstoffe, ihre Herkunft und ihre Verarbeitung ausgeführt worden ist, hat allgemein Gültigkeit. Was in diesem Zusammenhang aus gutem Grund speziell über natürliche und kindgerechte Kleidung für die Jüngsten gesagt werden muß, darüber will dieses Buch orientieren. Es will eine Hilfe zu besserem Verständnis des Kindeswesens sein und anregen, aus eigener Einsicht die richtige Wahl zu treffen, wenn es um die Kinderkleidung, die Gestaltung der Wiege und anderes geht.

Die berechtigte Forderung bezüglich einer guten Kinderkleidung aus Naturfasern läßt sich indessen nicht verallgemeinern und in gleicher Weise auf die Bekleidungswünsche der Erwachsenen übertragen, denn hier gelten ganz andere Voraussetzungen und Bedürfnisse. Die moderne Entwicklung auf dem Gebiet der Bekleidung erfordert darüber hinaus, daß das Bekleidungsthema ganz neu gegriffen werden muß.

Das Kind

Werdestufen

Wodurch sind die ersten Lebensjahre so anders, daß sie sich mit keiner Epoche im ganzen späteren Leben vergleichen lassen? Und warum hat gerade diese Zeit eine so grundlegende Bedeutung für den Menschen?

Ein Urvertrauen kommt einem entgegen, wenn man ein Kind in der Wiege anschaut, Vertrauen in die Menschen, die Begleiter und Führer auf seinem Weg ins Leben sein wollen. Wie soll man dieser Aufgabe gerecht werden, zumal schnell einzusehen ist, daß die Devise: alles, was für mich gut ist, das ist auch gut für mein Kind – zunächst noch gar nicht zutrifft.

Das kleine Kind ist fast ganz Sinnesorgan. Wie es bei der Nahrungsaufnahme noch bis in die Fußspitzen hinein sein Wohlbehagen zum Ausdruck bringt – weil es auch fast ganz Geschmacksorgan ist – so ist es zugleich von Kopf bis Fuß Tastorgan, Auge, Ohr usw. Was die Sinne dabei aufnehmen, hinterläßt *bleibende Eindrücke* in dem zarten Körper, die prägend und formend auf die physische Organisation wirken. Wie der Geiger sein Instrument stimmt, damit es richtige und saubere Töne hervorbringt, so wird auch beim kleinen Kinde nach und nach die Leiblichkeit auf die Erdenverhältnisse eingestimmt, auf die Bedürfnisse der Organe, wie z.B. der Leber, Lunge, Niere und all der anderen, damit diese später dem älter werdenden Menschen ihre Dienste nicht versagen. Organschwächen, die in der ersten Kindheitsphase veranlagt worden sind, zeigen sich oft erst in der zweiten Lebenshälfte. Da spielen Farbeindrücke, Wärmeverhältnisse und Töne sowie auch Liebekräfte, Moralität und Wahrhaftigkeit im Umkreis ebenso eine Rolle wie die den Körper aufbauende Nahrung.

Der Kleidung, die das Kind hautnah einhüllt, kommt dabei eine besondere Bedeutung zu, weil sie unmittelbar viele Sinne gleichzeitig anspricht und vom ersten Lebenstage an das anfänglich noch eng begrenzte Umfeld des Kindes bestimmt.

Der Erwachsene beruft sich bei allem auf eigene Erfahrungen und Erinnerungen, er verbindet, was ihm begegnet, mit individuellen Vor-

11

stellungen und bildet sich ein Urteil. Äußere Eindrücke erregen in ihm Gefühle der Sympathie oder Antipathie, freudige Zustimmung, Ablehnung oder Gleichgültigkeit. Alles spielt sich für ihn auf der Ebene des Seelischen ab. Er lebt in einer für ihn überschaubaren, wägbaren Welt, in die er sich als Handelnder, Beobachtender oder als passiver Teilnehmer einordnet. Diese Fähigkeit hat das Kind noch nicht. In einem unglaublichen Lernprozess, der in einer späteren Lebensphase gar nicht mehr möglich wäre, bildet es allmählich das Gehen und das Gleichgewicht aus, das Fingerspitzengefühl beim Tasten, die Sprache und nach und nach die Fähigkeit zu denken. Die Formen, die dabei dem Gehirn und den noch bildsamen Organen eingeprägt werden, wirken das ganze Leben hindurch. Man kann später darauf aufbauen und sich weiter bilden, was aber in dieser ersten Lebensphase nicht veranlagt worden ist, läßt sich nicht mehr nachholen. Heutzutage können die Eindrücke, die unsere künstliche, technische und laute Gegenwartswelt vermittelt, die Weichen für das künftige Leben in einer unguten Weise stellen. Die Meinung, daß das Kind sich zeitig an das heutige Leben gewöhnen müsse, ist insofern irrig, als bei einer von vornherein beeinträchtigten Organisation manche Tür für immer verschlossen bleibt, die sich im

späteren Leben einer tieferen Einsicht in die Zusammenhänge von Mensch und Welt hätte öffnen können.

Die Kinderhaut – ein Lichtorgan

Gewinnen wir Einblick in die Naturzusammenhänge, so erfahren wir immer wieder mit Staunen, wie weisheitsvoll alles eingerichtet ist.

Das Organ «Haut» bildet die Umhüllung des menschlichen Körpers, und gerade hier in der Peripherie ist Kieselsubstanz in feinster Verteilung enthalten, die im Innern des Organismus weniger anzutreffen ist. Im Blut findet man morgens mehr Kieselsäure als am Abend. Das Licht des Morgens wirkt auf die lichtempfangende Kieselsubstanz im Menschenleib, die Sonnenlichtkräfte aufzunehmen und weiterzuleiten vermag, und sendet damit für den neuen Tag einen morgendlichen Impuls.

Wenn ein Menschenwesen sich während neun Monaten auf seinen Lebensweg vorbereitet, dann wirkt gerade in der mütterlichen Fruchtblase sowie in der Nabelschnur unter anderem auch Kieselsäure und leitet Sonnenlichteskräfte in den Bereich des sich entfaltenden Menschenkeims. Die Ärztin Dr. Alla Selawry faßt das in folgende Worte:

«Kiesel ist die vermittelnde Substanz, durch die das Licht seinen Weg in das Irdische hinein nimmt, Gestaltungskräfte in das ungeformte Ur-Eiweiß hineintragend. So ist der Embryo, der werdende Menschenkeim, und sind seine Hüllen in hohem Maße kieselhaltig. Das Kieselige bildet hier gleichsam den Formen-Umriß, die Lichtgestalt des Menschen, in welche der werdende Organismus hineinwächst.»[2]

Wenn das Kind zur Welt kommt, sind die Kieselsäurewerte in seinem Hautbereich deutlich höher als im späteren Erdenleben. Wie die Pflanze sich zur Sonne neigt, so ist auch der Menschenleib dem Lichte zugewandt. Damit läutet die Natur auf ihre Weise die Morgenstunde eines jeden Menschenlebens ein.

Das darf nun allerdings nicht dazu verleiten, die Kinder frühzeitig der Sonne auszusetzen. Sonnenbäder sind im frühkindlichen Alter sogar schädlich. Tagsüber ist ohnehin die ganze Luft erfüllt von Lichteskräften. Dazu muß man auch wissen, daß Wolle in ihrem Aufbau der menschlichen Haut und den Haaren sehr ähnlich ist. Sie hat wie diese einen gewissen Anteil an Kieselsäure in sich. Somit setzt Kleidung aus guter Wolle fort, was von Natur aus in der Haut veranlagt ist, weil auch sie für die Kräfte des Sonnenlichts durchlässig ist. Selbst ein warmer Pullover oder Wollmantel, der vor der Winterkälte schützen soll, kann auf diese Weise niemals zu einer Schicht werden, die ihren Träger gänzlich vom Licht abschirmt.

Die Kinderhaut – ein Umweltorgan

Die menschliche Haut ist nicht nur ein großes Sinnesorgan, sie ist auch ein äußerst durchlässiges Stoffwechselorgan. Vieles wird über die Haut ausgeschieden, vieles aber auch aufgenommen, zum Beispiel in Form von Einreibungen und Bädern. Im Säuglingsalter ist die Haut besonders samtig-weich und fühlt sich dabei immer etwas feucht an. In abnehmendem Maß gilt diese Eigenschaft für die ganze Kindheit. – Die Haut ist zart, umweltoffen und durchlässig für alle Einwirkungen, die von außen kommen.[3] Außerdem neigt sie zu entzündlichen Prozessen und Reizungen.

Die Durchlässigkeit der Kindeshaut stellt aber auch eine Gefahr in unserer Zeit dar, denn Zusätze, die sich in modernen Waschmitteln, Weichspülern, Kosmetika und hochveredelten Textilien befinden, können hier viel Schaden anrichten. Der folgenschwere Unfall, durch den 1972 in Frankreich 36 Babys starben und weitere 158 Kinder schwere Schäden davontrugen, war durch einen Fehler in der Babypuderherstellung ausgelöst worden. Der zur Konservierung mit Hexachlorophen angereicherte Puder hatte eine 10fache Überdosis bekommen, das wurde den Kindern zum Verhängnis. Durch die zarte, durchlässige Babyhaut war mit Puderpartikelchen auch der Konservierungsstoff in den Körper der Kinder gelangt, die Überdosis aber hatte zu einer folgenschweren Vergiftung geführt.

Derzeit gibt es viele Substanzen, die durch die besondere Feuchtigkeit der Kinderhaut, vor allem aber des Windelbereichs aktiviert werden. Immer neue Meldungen über Schadstoffe aus dem Bereich der Chemie erschrecken neuerdings vor allem junge Mütter. So fand man nach der Verseuchung der Muttermilch mit DDT jetzt einen neuen Schadstoff, der sich sowohl wiederum in der Muttermilch als auch in gewaschener Wäsche nachweisen ließ. Es handelt sich dabei um eine Nitrobenzol-Verbindung, eine synthetische Moschuskomponente, die vielen Parfüms beigefügt wird und auch zur Parfümierung synthetischer Waschmittel und Weichspüler dient. Dieser synthetische Duftstoff ist nachweislich gesundheitsgefährdend, ganz besonders für Mutter und Kind. Die modernen Waschmaschinen mit ihrem Öko-Wasserspurprogramm arbeiten zwar umweltschonend, aber die menschliche Gesundheit steht noch nicht auf dem Programm, auch nicht im Konzept der Waschmittel- und Parfümhersteller. Aus diesem Grund sollte wieder mit Rücksicht auf das Wohlergehen der ganzen Familie die Wäsche gründlich gespült werden, bis die Seifenrückstände und die Duftstoffe weitgehend ausgewaschen sind. Auf den zusätzlichen Gebrauch von Weichspülmitteln sollte dabei unbedingt verzichtet werden.

Für die Körperpflege der Kinder – Seifen, Puder, Hautöle – sollten darum nur hautschonende pflanzliche Mittel verwendet werden. Hautöle auf mineralischer Basis bilden keine wärmende Hülle, sie liegen als eine dichte Schicht auf der Haut, unter der sich die Kinder erfahrungsgemäß leichter erkälten. Parfümierte Hautpflegemittel gehören nicht in die Kinderpflege, sie lassen sich durch rein pflanzliche Präparate ersetzen.[4]

Das Kind als Sinneswesen

Jede Berührung ist verbunden mit Empfindungen des Tastens, denn der Tastsinn ist im Hautbereich lokalisiert, das meiste ertastet man aber mit den empfindsamen Fingerkuppen. Ein schöner Seidenstoff gleitet durch die Hand, man spürt seinen weichen, glatten Fall und die angenehme Kühle des Materials. Aus solchen Wahrnehmungen ergibt sich schließlich auch ein Urteil.

Das Kind erlebt dieses Tasten als tief innerliche «Wahrnehmung». In diesem trocknen Begriff unserer Sprache, der aus den beiden Elementen «wahr» und «nehmen» besteht, verbirgt sich eine unglaubliche Realität, deren Bedeutung man – bezogen auf das Kindeswesen – nicht tief genug erfassen kann: etwas für «wahr, wahrhaftig, wirklich» – «nehmen, erfassen, ergreifen, sich damit verbinden.»

In diesem Zusammenhang tauchen unwillkürlich Bilder von kleinen Erlebnissen aus dem Leben mit Kindern auf: Da war ein kleiner Junge, kaum zweijährig, der mit seinem dicken Windelpaket gemächlich hinter der Mutter hertappelte, während sie den Sportwagen schob. Doch plötzlich hielt er vor dem großen Wiesenstück, das den Weg säumte, an und schaute auf das sonnendurchflutete Grün. Das Gras und die Wiesenblumen reichten ihm fast bis zur Hüfte. Behutsam beugte er sich vor und strich wie zum Gruße mit einer liebevollen Gebärde über die Gräser. Dann setzte er auf den noch unsicheren Beinchen seinen Weg fort. – Wem mag dieser Gruß gegolten haben?

Und das Erlebnis mit dem kleinen Mädchen, kaum ein Jahr alt, das von einer gutmeinenden Großmutter ein erstes Kuscheltier geschenkt bekam. Wie elektrisiert zog es das Händchen zurück und wies die Gabe entsetzt ab. Es bedurfte vieler Überredungskunst und guten Zuspruchs, bis das Kind Vertrauen faßte. Was hat es wirklich «wahr»-genommen an diesem Synthetikplüsch-Tier? – war es das Material oder auch die ganze Tiergestalt? Welch einen Eingriff in die Erlebniswelt des Kindes bedeutet es, wenn erst mit vielen guten Worten die Zuneigung zu einem Spielzeug erobert werden und mit liebevollem Zuspruch die Kraft des Vertrauens des Kindes in die Führung der Erwachsenen wieder hergestellt werden muß, obwohl seine Sinne ihm etwas anderes signalisieren.

Immer wieder kann man solche Begegnungen haben, wenn man die Augen dafür öffnet. Die Kinder lassen uns auf diese Weise etwas von ihrem verborgenen Wesen ahnen, und man darf für einen Augenblick in jenes Reich schauen, das wir manchmal noch «das verlorene Paradies» nennen. Dabei kann einem plötzlich bewußt werden, daß das Geschöpfchen in der Wiege ja gewissermaßen nur das Gefäß ist für eine menschliche Individualität, die sich aus Himmelsweiten zu uns auf den Weg gemacht hat. Es wird noch drei oder vier Jahrsiebente dauern, bis diese Menschenwesenheit das für sie bereitete Gefäß durchdrungen und zu ihrer irdischen Hülle umgestaltet hat, so daß sie nun als ganzer Mensch im Leben stehen kann.

Will man diesem Menschenwesen im Kinde

begegnen, dann muß man wieder den Weg zurück finden in jene Welt, aus der wir stammen, in das «Paradies», dessen Verlust uns manchmal schmerzlich bewußt wird. Die Erlebnisse und Erfahrungen des Kindes sind noch dort verankert, von daher empfängt es jene Impulse und Kräfte, die es zur Durchdringung und Umgestaltung seiner Erdenhülle, des physischen Körpers braucht. In seinem innersten Wesen ist der Mensch göttlichen Ursprungs. Das Kind sucht unbewußt in der äußeren Natur die seinem Wesen gemäße Schöpfung aus der Hand Gottes auf. In diesen Erlebnissen begegnet es dem Vater-Gott, dem Schöpfer des Himmels und der Erde. Das ist die unausgesprochene Religion des kleinen Kindes. Wir feiern mit den Kindern die christlichen Jahresfeste, wir lassen sie teilnehmen an unseren eigenen religiösen Erlebnissen und sind ihnen darin «Vor-Bild». Ihr wahres Wesen erreichen wir aber nur, wenn wir ihnen etwas vom Wahren, Schönen und Guten der unverfälschten Erdenwirklichkeit vermitteln können. An diese Erdenwirklichkeit tastet sich das kleine Geschöpf in der Wiege und das größere Kind beim Spielen mit seinem ganzen Wesen heran. Das, was wir als Tastsinn in den Fingerspitzen erfahren, ist beim Kind über den ganzen Organismus ausgebreitet. Der Hautbereich, der die Körperoberfläche bildet, aber auch Augen, Ohren und die Sinne des Schmeckens und Riechens ertasten behutsam ihre Umwelt. Selbst die inneren Organe haben in gewisser Weise auch Sinnesfunktion. Kann sich das Kind dabei seinem Wesen gemäß als Erdengeschöpf tief in seinem Innern mit dieser Erdenwelt verbinden, wird sie ihm zur Heimat werden, und es wird nicht beziehungslos durch das Leben irren.

Damit ist vieles, was heute als kindgemäß gilt, in Frage gestellt, angefangen bei der Auswahl der Tapeten und Gardinen für das Kinderzimmer, den oft bizarren figürlichen Motiven der Bettwäsche und den ebenso bizarren Kuscheltieren, bis hin zu den manchmal wirklich furchterregenden Sauriern. Nötigt man mit solchen Dingen nicht oftmals dem Kind etwas auf, was der eigenen Sehnsucht nach vergangenen Kindertagen entspricht? Muß man sich nicht vielmehr immer wieder fragen: was erleben die zarten, sich erst am Ertasten des Wahren, Schönen und Guten heranbildenden Sinne an den Dingen, die wir für sie bereit halten? In diesem Sinne muß auch die Bekleidung als eine hautnahe, alle Sinne ansprechende Hülle verstanden werden.

«Und seine (des Kindes) physischen Organe bilden sich ihre Form durch die Einwirkung der physischen Umgebung. Es bildet sich ein gesundes Sehen aus, wenn man die richtigen Far-

16

ben- und Lichtverhältnisse in des Kindes Umgebung bringt, und es bilden sich in Gehirn und Blutumlauf die physischen Anlagen für einen gesunden moralischen Sinn, wenn das Kind Moralisches in seiner Umgebung sieht.»[5]

Das Kind als Wärmewesen

Neun Monate lang hat sich der werdende Mensch in der gleichmäßigen Wärme der mütterlichen Leibeshülle entwickeln dürfen. Nun aber, mit der Geburt und dem ersten Atemzug ist er Erdenbürger. Wärme, Fruchtwasser und Dunkelheit wurden verlassen, jetzt umgibt ihn mehr oder weniger kühle Luft und Licht und er hört die Stimmen der Menschen. Das ist ein gewaltiger Schritt ins Leben.

Der Mensch ist ein Wärmewesen, und seine Beziehungen zum Wärmeelement sind vielfältiger Art. Ganz äußerlich lassen sich Wärmedifferenzen mit dem «Wärmesinn», der in der Haut lokalisiert ist, ertasten. Das Neugeborene hat von vornherein diese Sinnesfähigkeit, aber sie ist noch ganz unentwickelt. Behutsam muß alles auf Körpertemperatur eingestellt werden, die Ernährung, das Waschwasser und die Kleidung zum Wechseln. Wenn im Winter zusätzlich eine Wärmflasche gebraucht wird, so darf auch sie nicht zu heiß sein und muß immer eine Stoffumhüllung haben.

Ein anderes ist der «Wärmeorganismus», der den ganzen Körper wie eine selbständige Organisation durchzieht und der mit Frieren oder Schwitzen signalisiert, daß das innere Wärmegleichgewicht gestört ist. Dafür gibt es verschiedene Ursachen, wie beispielsweise Krankheit mit Fieber, mangelhafte und ungenügende Bekleidung, körperliche Bewegung und anderes. Die Gänsehaut und das Frösteln sind ein Alarmzeichen des Körpers, daß die Wärmeorganisation gestört ist, und es veranlaßt den Frierenden damit, sich wärmer zu kleiden, ehe es zu spät ist und er sich eine Erkältung eingefangen hat. Nur besonders abgehärtete Menschen kennen kein Frieren und keine Gänsehaut. Bei ihnen hat übertriebenes Abhärten zur Verhärtung und zum Verlust einer wichtigen Körperfunktion geführt. Dem kindlichen Körper fehlt dieser Wärmeorganismus. Er bildet sich erst im Laufe von fast drei Jahrsiebenten zu einer stabilen Organisation aus. Daher ist die sorgfältige Pflege der Wärmehülle eine der wichtigen Aufgaben, die man dem heranwachsenden Kind gegenüber hat. In der Wärme lebt das Ich, das – wie wir von Rudolf Steiner wissen – sich erst nach dem dritten Jahrsiebent mit seinem Erdenleib, das heißt zugleich mit der Wärmeorganisation verbindet. Früher war das 21. Jahr der Lebensabschnitt, in dem der Mensch gesetzlich mündig wurde und damit als Ich-Persönlichkeit für seine Handlungen die Verantwortung zu tragen hatte. – Der Wärmeorganismus, in dem das Ich sich finden und aus dem heraus es willenskräftig handeln kann, muß in seiner Entwicklung unterstützt werden.

Ein drittes ist die eigentliche Körperwärme, die ständig als ein Lebensprozeß mit dem Blut den ganzen Körper durchströmt. Sie ist ein Teil von uns. Ohne unsere Körperwärme könnten wir nicht leben. Schon wenn wir frieren, wenn zu wenig Wärme in die Glieder gelangt, gedeiht die Arbeit nicht. Das Neugeborene hat eigene Körperwärme, aber diese ist noch recht unstabil. Außerdem verbraucht das Baby besonders in der ersten Zeit viel Wärme, damit die inneren Organe die gewaltige körperliche Umstellung von der Embryonalzeit zum selbständigen Menschenleben unbeschadet leisten können.[6] Die Bekleidung des Säuglings muß diese Vorgänge unterstützen und eine wärmespendende Hülle sein, in der das Kind sich aber andererseits nicht überhitzt. Bei einem naßgeschwitzten Kind besteht die Gefahr, daß es sich erkältet. Diese Aufgabe erfüllt am besten ein feines *Woll*hemdchen oder *Woll*jäckchen. Naturbelassene Wolle kann besonders gut Feuchtigkeit aufnehmen und verhindert dadurch, daß sich Staunässe bildet. Als Haarkleid warmblütiger Tiere ist die Wolle gerade für Kinder eine geeignete Wärmehülle.

Das größere Kind hat ebenfalls aus den genannten Gründen noch kein sicheres Gespür für die eigene Wärmesituation, darum hat es wenig Sinn zu fragen, ob es friert oder nicht.

Es ist vielmehr nötig, daß die Mutter neben den Bekleidungshüllen eine Bewußtseinshülle um das Kind bildet und in ständigem Mitdenken und Mitfühlen von sich aus weiß, was not tut. Als Hilfsmittel steht ihr dafür die eigene Hand zur Verfügung, mit der sie spüren kann, ob das Kind naßgeschwitzt ist oder kalte Händchen und Füßchen hat. An einer marmorierten Haut an der kalten Kinderhand erkennt man, daß noch etwas für eine bessere Durchblutung getan werden muß. Von drei Faktoren, die in einem ausgewogenen Verhältnis zueinander stehen müssen, hängt eine gute *Durchwärmung* ab: *Bekleidung, Ernährung* und *Bewegung*. Lebhafte, temperamentvolle Kinder, die nebenbei vielleicht auch gute Esser sind, brauchen nicht so viele warme Kleidung wie durchsichtige, blasse Kinder, die mit Unlust essen und oft krank sind. Sie brauchen viele wärmende Hüllen und immer ein Wollhemdchen, das die Lebenskräfte stärkt und die Kinder in ihrer Entwicklung unterstützt.

Die Pflege der Wärmeorganisation umfaßt aber im Leben der Kinder noch weitaus mehr. Sie brauchen noch für viele Jahre eine ganz andere Art von Wärme, die nicht minder tief in die Ausgestaltung des physischen Körpers eingreift und mitgestaltet an der Gesundheit, oder – wenn seelische Kälte herrscht – an Krankheitsprozessen. Das ist die Kraft der Liebe, mit der Eltern und andere Familienmitglieder das Kind umgeben.

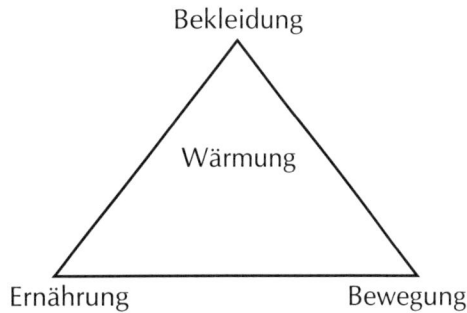

Abhärten – Verweichlichen

Wenn bisher besonders auf die Schafwolle hingewiesen worden ist, so muß doch betont werden, daß ein Zuviel des Guten auch das Gegenteil bewirken kann. Die Kinder dürfen nicht durch eine allzu gut gemeinte Fürsorge verweichlicht werden. Verweichlichen bedeutet in diesem Zusammenhang, daß der Wärmeorganismus, noch ehe er vollständig entwickelt ist, in gewisser Weise degeneriert und sich nicht mehr den Temperaturverhältnissen auf eine gesunde Art anpassen kann. Aus diesem Grund wurde wiederholt die Schafwolle erwähnt, weil sie eine ausgeglichene, wohltuende Wärme vermittelt. Die meisten anderen Wollarten, vor allen das Angorahaar, wärmen viel intensiver. Damit ist Angorahaar beispielsweise gut als Heilwäsche für den Krankheitsfall geeignet und entspricht besonders den Bedürfnissen älterer Menschen. Für die gesunde Entwicklung der Kinder ist Schafwolle eine gute, harmonische Grundlage.

Aber auch das Gegenteil – unvernünftiges Abhärten – kann den erst keimhaft veranlagten Wärmeorganismus in seiner Entwicklung schädigen. Degenerative Erkrankungen in der zweiten Lebenshälfte haben ihre Ursache oft in Versäumnissen und Übertreibungen in der Kindheit. Zu den Fragen von Abhärtung und Verweichlichung hat Rudolf Steiner sich wie folgt geäußert:

«Dazu ist also notwendig, daß wir wirklich vor allen Dingen die Bekleidung so einrichten, daß der Mensch in einem neutralen Erlebnis

19

gegenüber den Wärmeverhältnissen sein kann, und da muß tatsächlich alles einzelne berücksichtigt werden. Wir sind durchaus als Menschen so veranlagt, daß, wenn wir zu stark den Kälteverhältnissen ausgesetzt sind, wir dann einfach ein gewisses inneres Funktionieren nicht in der richtigen Weise vollziehen können; und daß, wenn wir zu stark den Wärmeverhältnissen ausgesetzt sind, dieses innere Funktionieren gewisser Organe wiederum übertrieben wird. So können wir sagen: Wenn der Mensch in abnormer Weise zu stark Kälteverhältnissen ausgesetzt ist, werden seine Organe allmählich dazu geneigt gemacht, sich innerlich zu verschleimen, und es entstehen dann alle diejenigen Krankheiten, die ich eben mit einem populären Ausdruck bezeichnen will: die innerlichen Verschleimungen. Die Organe werden innerlich mit Stoffwechselabgängen durchkleistert. Es entsteht diese Verschleimung. – Wenn ich den Menschen zu stark der Hitze aussetze, so verdorren die Organe, sie verknöchern, sie verkrusten, und sie werden dann im eminentesten Sinne anämische (d.h. blutarme) Organe.

Das ist dasjenige, was durch ein gewisses Hineinschauen in den Organismus einem wiederum den Weg bereitet, um auf diesem Gebiet in der richtigen Weise erziehend vorzugehen.

Aus allem muß der Mensch symptomatologisch lernen. Wir Menschen sind z.B. dazu veranlagt, daß wir das Gesicht in einer Weise der Kälte aussetzen können; und dieses menschliche Antlitz ist durch den Anteil, den es an der Gesamtorganisation des Menschen nimmt, eben schon dazu veranlagt, auch größeren Kälteverhältnissen ausgesetzt zu werden als der übrige Organismus. Dadurch, daß es größeren Kälteverhältnissen ausgesetzt ist, hält es fortwährend die anderen Organe vor dem Verdorren zurück, regt die Organe an, und es ist ein Wechselspiel zwischen dem der Kälte sich leichter aussetzenden Gesicht und den anderen Gliedern der menschlichen Organisation. Aber man darf das nicht verwechseln mit einem anderen des Menschen, ... man darf die Waden des Menschen nicht verwechseln mit dem Gesicht ... . Man läßt die Kinder so herumgehen, daß sie nackte Beine haben bis über die Knie herauf. Das ist eine Verwechslung des einen Endes des Menschen mit dem anderen. Wenn die Menschen den Zusammenhang einsehen würden, der da besteht, so würden sie eben wissen, wie ungeheuer viel Blinddarmentzündungen im späteren Leben eben einfach zusammenhängen mit dieser Verwechslung des einen Endes des Menschen mit dem anderen Ende».[7]

Textilfasern – Textilqualitäten

Mit einer Kindheit voll Liebe kann man ein halbes Leben hindurch die kalte Welt aushalten.

Jean Paul

Textile Rohstoffe –
ihre Herkunft und ihre Qualität

Feuer, Wasser, Luft und Erde sind die vier Elemente, die unseren Planeten «Erde» auszeichnen. Sie bilden die Basis für alles Lebendige, für Pflanzen und Tiere, und sie sind auch im Leben des Menschen wirksam.

In Schoß der Erde keimt die Pflanze und sendet ihre Wurzeln in den Boden, wo sie Halt findet. Sie braucht Wasser, Licht und Wärme, wenn sie wachsen und gedeihen und ihr üppiges Grün entfalten soll. Die Luft umweht den Stengel und spielt mit den Blättern. Im Blütenbereich aber steigert sich das Pflanzenwesen noch einmal und entfaltet Wärmequalitäten. Hier findet die Begegnung mit Bienen und Schmetterlingen statt, und hier bilden sich die Samen aus. Sowohl der Baumwollstrauch als auch die Flachspflanze (Lein) tragen Ölfrüchte. Darin kommt ihre besondere Beziehung zum Wärmeelement zum Ausdruck.

Märchen und Sagen erzählen von Elfen, Zwergen und der Nymphe an der Quelle, die mit ihrem Wirken und Walten stets im Umkreis alles Lebendigen ihr Wesen treiben. Es gibt viele hilfreiche Wesen, die die Pflanzen pflegen, die Bienen zu den Blüten geleiten und sich bei Tier und Mensch aufhalten. Manche treiben aber auch gerne Schabernack oder sind gar recht böswillig. Aus seinen anthroposophisch-geisteswissenschaftlichen Erkenntnissen heraus gibt Rudolf Steiner eine genaue Schilderung dieser «Elementarwesen», die, für unsere Augen unsichtbar, die Erde bevölkern, und er nennt sie mit Namen. Es sind die Gnomen, die in der Erde, in Gesteinsadern und im Wurzelbereich der Pflanzen leben; die Undinen, die sich fortwährend verwandelnden Wasserwesen, die an Quellen, Flüssen und Seen leben; die Sylphen, deren Bereich das Luftelement ist und die im Umkreis von Vögeln leben; und die Salamander, die Feuerwesen, deren Lebensraum da ist, wo die Schmetterlinge sind. Diese in der Natur schaffenden und pflegenden Geister sind auch verbunden mit dem Baumwollstrauch, der Flachspflanze und der Nesselpflanze Ramie, und sie halten sich auch im Umkreis der Schafherden auf.

Sie sind es auch, die in jedem Frühjahr der noch winterkalten Erde das Wunder des ersten

Frühlingsblütenzaubers entlocken. Kleinen Kindern sind sie nicht unbekannt, und man kann manchmal erleben, wie sie mit den Unsichtbaren im Zwiegespräch sind. Sie erzählen bisweilen von ihren für unsere Augen nicht wahrnehmbaren Spielkameraden.

Auch im Innern der Erde kann man sie finden. Vor allem Bergleute, aber auch Menschen, die sich einen gewissen Natursinn bewahrt haben, können darüber etwas erzählen. Es sind die Gnomen oder Kobolde, die sich im Gestein aufhalten, besonders da, wo Metalladern im Innern der Berge verlaufen. Doch in den Kohleflözen trifft man sie weniger an.[9]

Die Kohle ist aus Wäldern entstanden, die in früheren Erdzeitaltern versunken sind, aus organischem Material also, das einmal wie alles Pflanzliche bei Regen und Wind und in warmem Sonnenlicht gewachsen ist, gepflegt und umsorgt von der elementarischen Welt. Seither ruhen diese Wesen, gefesselt an die in Jahrmillionen zu Kohle gewordene organische Materie. Doch wenn der Bergmann die Kohle zu Tage fördert und wir sie zum Heizen verbrennen, dann wird die Sonnenwärme, die von ungezählten Elementarwesen vor Urzeiten an die Pflanzen herangetragen worden ist, wieder frei. In den Flammen der brennenden Kohle und in der verströmenden Wärme finden diese Wesen

ihre Erlösung. Wie die Kohle ist auch das Erdöl dereinst lebendige Materie gewesen.

Kohle, Erdöl und Kalk sind die Grundstoffe zur Herstellung einer großen Gruppe synthetischer Fasern. Sie werden mit Hilfe der Chemie in eine Spinnlösung überführt und erstarren anschließend zu Kunstseidenfäden. Nach dem gleichen Prinzip, nur mit anderen Mitteln, entstehen die synthetischen Fasern auf Zellulosebasis. In beiden Fällen wird die elementarische Welt nicht erlöst, sondern noch fester an die Materie gebunden, gewissermaßen mumifiziert. Wir haben es bei all diesen Fasern mit etwas Leichnamhaftem zu tun. Besonders stark erlebt man das mit Fasern aus der letztgenannten Gruppe. Bei ihnen ist die natürliche Beziehung zum wässrigen Element, ohne das ein Leben nicht denkbar wäre, aber auch zu den Elementen des Luftigen und Wärmehaften ganz verlorengegangen.

Nur mit Spezialmaßnahmen bei der Ausrüstung und Veredlung dieser Fasern und bei der Weiterentwicklung kann man einige Effekte erzielen. So wird beispielsweise ein gewisses «Halten» von Feuchtigkeit durch Strukturveränderungen der Fasern erreicht. Das ist aber nicht zu vergleichen mit der hohen Quell- und Saugfähigkeit von Naturfasern, die sich trotz beträchtlicher Feuchtigkeitsaufnahme dabei noch

Textilfasern aus der Natur

Herkunft		Produkt
Tierreich	Säugetiere	Wolle, Haar
	Insekten	Seide
Pflanzenreich	Samenfaser	Baumwolle, Kapok
	Stengelfaser	Leinen, Ramie, Hanf
Mineralreich	Gestein	Asbest[8]

Textilfasern, vom Menschen geschaffen

Ausgangsmaterial	Produkt
aus dem Tierreich: Eiweiß	Kaseinkunstseide[8]
aus dem Pflanzenreich: Zellulose	1.) Viscose – Modal, Zellwolle 2.) Acetat – Triacetat, Tricel 3.) Kupferkunstseide – Cuprama
aus dem Mineralreich: Kohle, Kalk, Erdöl	1.) Polyamid – Perlon, Nylon, Enkalon 2.) Polyester – Diolen, Trevira, Mitrelle 3.) Polyacryl – Dralon, Orlon, Courtelle

nicht feucht anfühlen. Auch andere Begriffe aus der modernen Textilwissenschaft, wie Wärmestau oder Atmungsaktivität, verraten etwas von den Problemen, die die synthetischen Textilien verursachen.

Viele Jahrtausende hindurch haben Völker die Erde bewohnt, die ihr Leben mit dem gestaltet haben, was die Natur in reicher Fülle bot. Es blieb dem Kulturfortschritt und der technischen Entwicklung unserer Zeit vorbehalten, zum mineralischen Bereich der Erde, zu Erzen, Gesteinen und anderem, weitere geologische Schichten zu schaffen, die als schlackenhafte, tote Ablagerungen heute die Erde überziehen. Textilfasern, von Menschen erzeugt, gehören im den Bereich dieser künstlichen, synthetischen Materialien, die sich nicht mehr in den Kreislauf alles Natürlichen einordnen lassen und als nicht abbaubare Müllprodukte heute viele Länder belasten.

Das stellt junge Eltern, die verantwortungsbewußt denken und handeln wollen und ihre Kinder auf einem sicheren und guten Weg ins Leben geleiten möchten, vor ganz neue Aufgaben und vor schier unlösbar erscheinende Probleme bei der Beschaffung kindgerechter, natürlicher Bekleidung. Die ständig steigende Nachfrage nach naturbelassener, das heißt nicht chemisch ausgerüsteter Kinderkleidung aus möglichst rückstandsfreien reinen Naturfasern hat inzwischen auch das Angebot belebt. Neben Artikeln aus «naturbelassener Baumwolle» gibt es auch schon «Demeter-Baumwolle» sowie «naturbelassene» Demeter-Schafwolle.[10]

Die Naturfasern stellen sich vor

Wolle

Das Haarkleid der Schafe, Kamele und Ziegen (Kaschmir- und Mohairziege), der südamerikanischen Schafkamelarten Alpaka, Guanako und Vikunja und des Angorakaninchens – genannt «Wolle» – gehört zu den beliebtesten Textilfasern. Was die Wolle so begehrenswert macht, sind die vielen Vorzüge und guten Eigenschaften dieser Naturfaser. Dazu gehören

– das Feuchtigkeitsaufnahmevermögen von ca. 33%, das sich aus der hohen Quell- und Saugfähigkeit ergibt, und bei dem sich die Wolle noch immer nicht feucht anfühlt;
– das Wärmerückhaltevermögen, welches ebenfalls hoch ist, weil die Eiweißsubstanz der tierischen Faser die Wärme schlecht leitet. Darüber hinaus halten die vielen Lufteinschlüsse, die durch die Kräuselung des Wollhaars und durch die Verarbeitungsprozesse

bedingt sind, die Körperwärme zusammen;
– die Luftdurchlässigkeit, die gewährleistet ist, aber im allgemeinen etwas geringer ist als bei Zellulosefasern. Auf diese Weise kann weder ein Feuchtigkeitsstau noch ein Wärmestau auftreten;

– die Geruchsneutralität: lästiger Körpergeruch als Folge der bakteriellen Zersetzung von Schweiß tritt in guter Wolle im allgemeinen nicht auf, weil sich kein Feuchtigkeitsstau und damit kein Zersetzungsprodukt bilden kann;

Merinoschaf mit Lamm

– die Sprungelastizität der Wolle, bedingt durch die Kräuselung des Tierhaars. Sie verleiht der Wollkleidung ihren schmiegsamen Charakter und den Bundrändern die hohe Elastizität;

– die Geschmeidigkeit durch das Wollfett, das beispielsweise auf einem echten Lodenmantel das Regenwasser abperlen läßt. Wenn man seine Wolle selber spinnt und schonend wäscht, bleibt es erhalten. Es ist ein besonderes Merkmal guter, naturbelassener Wolle;

– die Lebendigkeit der Wolle. Mit ihrer edlen Qualität entspricht sie nicht nur den Vorstellungen der Naturfaserfreunde, sie zeigt am negativen Bild selbst, wofür der Qualitätsbegriff «Schurwolle», also die vom lebenden Schaf geschorene Wolle, wirklich steht. Denn die von einem verendeten Schaf nachträglich geschorene Wolle hat demgegenüber die genannten Vorzüge verloren, das Wollfett ist erstarrt und verklebt, die Sprungelastizität erloschen und das Material wirkt stumpf und tot. Sogenannte «Sterblingswolle» ist nur noch ein wirklich totes Material und wird überhaupt nicht für Bekleidung verarbeitet. In frischer Schurwolle ist dagegen noch ein Nachklang der tierischen Lebenskräfte gut spürbar. Als eine lebensnahe Textilfaser ist sie mehr als einfach nur Material. So bietet sie zum Beispiel auch kein geeignetes Milieu zur Entwicklung von Krankheitskeimen und auch nicht für den gefürchteten Fußpilz;

– der Lichtbezug durch den Kieselanteil im Wollhaar, durch den die Wolle eine natürliche Beziehung zum menschlichen Haar und der Haut bekommt. So setzt die Wolle die Verhältnisse, die im Hautbereich herrschen, fort und läßt damit Wollkleidung zu einer umweltoffenen, menschengemäßen Hülle werden.

Gute Wollkleidung vermittelt nicht nur Schutz und Wärmung, sie begünstigt auch auf natürliche Weise die Hautatmung und vermittelt einen lebendigen Austausch zwischen dem Menschen und seinem Umfeld. Die zahllosen Wollhärchen bewirken eine sanfte Hautmassage und regen dadurch die Zirkulation an.[11]

Die meisten Wollsachen sind heute mit einem Wasch- und Pflegehinweis versehen. «Waschmaschinenfest ausgerüstet» bedeutet zum Beispiel, daß diese Wolle mit einer Kunstharzausrüstung versehen worden ist, vergleichbar dem versiegelten Parkett. So können sich die dachziegelförmig angeordneten Schuppen der Wollhärchen beim Waschen nicht mehr abspreizen und damit zum Verfilzen des kostbaren Waschguts beitragen. Diese Annehmlichkeit für die Hausfrau bedeutet andererseits, daß viele der genannten guten Eigenschaften dieser Naturfaser nun nicht mehr wirksam werden können. Und so hat sie gerade für die kleinen Kinder mit ihren wachen Sinnen viel von dem eigentlichen Wert der Naturfaser verloren. Aus diesem Grund wird vor allem für Kinderkleidung immer wieder «naturbelassene Wolle» empfohlen.

Kinder brauchen Schafwolle. Die wohltuende Wärme, die sich in Schafwollkleidung entfaltet, schafft die geeignete Atmosphäre und ist damit genau das Richtige für die gesunde Entwicklung der *Wärmeorganisation* im kindlichen Organismus und für den sich erst allmählich ausbildenden *Wärmesinn*.

Wolle in der Krankenpflege

Frisch geschorene, sogenannte «Schweißwolle» ist ein wirkungsvolles Mittel, um Heilungsprozesse zu unterstützen und zu beschleunigen, sie kann indessen den Rat des Arztes nicht ersetzen. Schweißwolle kann man beispielsweise bei Hobbyschäfern bekommen. Wichtig ist, daß die Schafe nicht mit Mitteln zur Bekämpfung von Schafkrankheiten behandelt worden sind, die als Rückstände im Wollfett haften. Solche rückstandsfreie Wolle von sauberen Rückenpartien des Vlieses wird nur leicht ausgeschüttelt und mit ihrem Wollfett und Wollschweiß, so wie sie ist, über die kranken Organe gebunden. Wenn man die Wolle wäscht, büßt sie bereits die besten Kräfte ein. Diese «Heilwolle» hilft als Auflage bei allen entzündlichen Krankheiten wie Mittelohrentzündung, Angina, Bronchitis usw.[12]

Bei feuchten Wickeln und Auflagen ist ein wärmendes wollenes Tuch als äußere Umhüllung unentbehrlich, damit es nicht zu einer zusätzlichen Erkältung kommt.

Seide

In seinen Vorträgen hat Rudolf Steiner auf Grund seines tiefen Einblicks in den inneren Zusammenhang der Welterscheinungen und Weltwesen auch für dieses Gebiet neue Möglichkeiten des Verständnisses eröffnet.

«Ich habe Ihnen beschrieben, wie das eine Hingabe der Raupe an die Sonne ist, wie der Faden, der da gesponnen wird, in der Richtung der Lichtlinien gesponnen wird. Die Raupe ist dem Licht ausgesetzt, verfolgt die Lichtstrahlen, spinnt, hält an, wenn es dunkel ist, spinnt weiter. Das alles ist eigentlich kosmisches Sonnenlicht, das mit Materie durchdrungen ist. Wenn Sie also zum Beispiel den Kokon der Seidenraupe haben, der zu Ihren Seidenkleidern verwendet wird, dann ist das, was in der Seide liegt, durchaus Sonnenlicht, hineingesponnen in die Materie der Seidenraupe. Aus ihrem eigenen Leib heraus spinnt die Seidenraupe ihre Substanz in die Sonnenstrahlenrichtung hinein, und dadurch bildet sie den Kokon um sich.»[13]

Die echte Seide gilt als edelster Textilrohstoff. Dieses «verdichtete Sonnenlicht» ist wie die Wolle als tierische Eiweißfaser auch kieselhaltig, aber sie hat einen ganz anderen Charakter. Als glatter Haspelseidenfaden ist sie eine echte Alternative

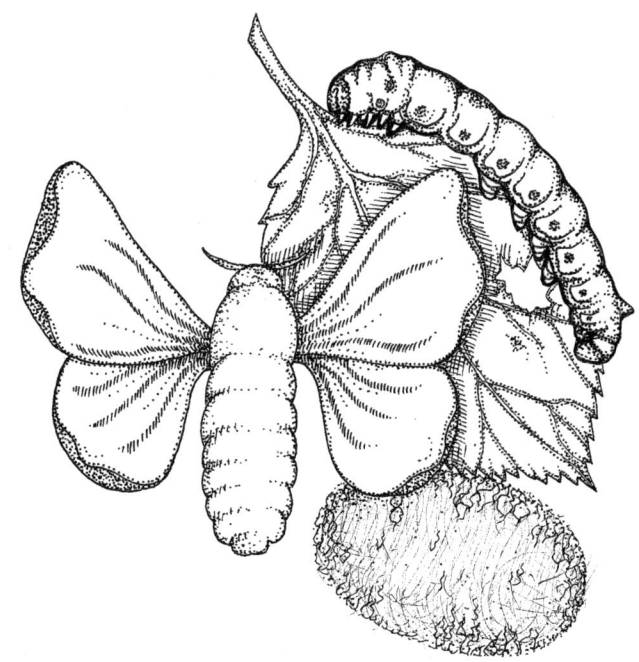

28

Maulbeer-Spinner Bombyx Mori

zu dem etwas rauhen, gesponnenen Wollfaden.

Von dem Kokon der Seidenraupe, der in regelmäßigen Achter-Windungen (sog. Lemniskaten) gesponnen worden ist, lassen sich etwa 800–900 Meter Seidenfaden in einem Stück abhaspeln. Dieser Rohseidenfaden ist umhüllt von Seidenbast und Seidenleim, die sich in warmem Wasser leicht entfernen lassen. Erst dann erscheint die glatte, glänzende reine Seide. Der Rest der insgesamt 3000–4000 Meter, die die Seidenraupe zu ihrem Kokon verspinnt, läßt sich nicht mehr abhaspeln. Die sogenannte Flockseide mit ihren kürzeren und längeren Fasern wird auch weiterverarbeitet. So erklären sich die Namen und Qualitätsunterschiede der einzelnen Seidenarten, obwohl der von der Seidenraupe gesponnene Kokonfaden stets von gleicher Substanz ist. Zu den bekanntesten Namen für Erzeugnisse aus Seide gehören:

- *Haspelseide,* ein weichfließendes, glattes, kühles Material, das sich zu edlen Seidenstoffen mit schönem Glanz verarbeiten läßt;
- *Schappeseide,* hergestellt aus langfaseriger Flockseide, die gekämmt, parallelisiert und gestreckt und anschließend versponnen wird. Sie ist ähnlich wie Haspelseide glatt und kühl mit seidigen Glanz;
- *Bourretteseide,* ein aus kurzen Seidenfasern gesponnener, rauher Faden mit wärmendem Charakter, der – wie die Wolle – durch die Verarbeitungsprozesse lockerer ist und dadurch auch Lufteinschlüsse hat;
- *Bastseide* oder Rohseide nennt man Gewebe, die nicht entbastet worden sind;
- *Wildseide* stammt von verschiedenen, wildlebenden Schmetterlingsarten. Sie läßt sich in der Regel nicht abhaspeln und wird wie Schappeseide versponnen;
- *Seidenwatte.* Die Abfälle aus der Seidenkämmerei, die so kurz sind, daß sie sich nicht mehr verspinnen lassen, werden als Seidenwatte zum Füllen von Seidendecken und Kissen genommen. Sauber gereinigte Seidenwatte vom echten Maulbeerspinner läßt sich zu edlen Decken verarbeiten, die von manchen sehr geschätzt werden. Vorsicht ist allerdings geboten bei Decken, die mit Wildseidenwatte gefüllt sind. Der feine Staub dieser Seidenabfälle stellt ein aggressives Inhalationsallergen dar. Bei dem großen Angebot preiswerter Seidendecken muß leider befürchtet werden, daß diese Allergie, die sich vor allem nachts in heftigen Bronchialasthma-Anfällen äußert, zunimmt. Bei plötzlich auftretendem Asthma bronchiale sollte man darum immer prüfen, ob vielleicht eine Seidendecke mit einer Wildseidenfüllung die Ursache sein könnte.

Um der Seide den schönen, fließenden Fall zu geben und den beim Entbasten aufgetretenen Gewichtsverlust auszugleichen, werden Haspelseide und Schappeseide durch das Auftragen von Metallsalzen «erschwert». Das Schlitzen, Brechen und Zerschleißen der schönen Seidenkleider aus früheren Zeiten ist eine Folge zu hoher Metallsalzzugaben. Heute hat man einen mittleren Weg gefunden, so daß dieses Problem nicht mehr auftritt. Bei der rauhen Bourretteseide erübrigt sich diese Maßnahme, sie wird nicht erschwert.

Ähnlich wie für Wolle lassen sich auch für Seide eine Reihe von Qualitätsmerkmalen anführen:

- Das Feuchtigkeitsaufnahmevermögen ist bei der hohen Quell- und Saugfähigkeit der entbasteten Faser gut. Mit ca. 30% Feuchtigkeitsaufnahme fühlt sich diese Seide noch nicht feucht an.
- Das Wärmerückhaltevermögen ist hoch, weil Seide als Eiweißfaser ein schlechter Wärmeleiter ist.
- Die Luftdurchlässigkeit ist abhängig von der Dichte des Stoffes. Bei lockeren Geweben und bei Gestrick sowie bei Bourretteseide ist sie hoch.
- Der Seidenglanz verleiht der Faser nach dem Entbasten einen milden Schimmer.

- Die Scheuerfestigkeit ist bei Seide sehr hoch.
- Die elektrostatischen Aufladungen von entbasteter Seide können in trockenem Zustand sehr hoch sein. Bei Bourretteseide tritt dieses Problem nicht auf.

Seide als Therapeutikum

Seide hat eine ausgleichende, die Nerven entspannende und allgemein harmonisierende Wirkung. Reine Seide auf der Haut getragen, hilft nicht nur großen Kindern den Prüfungsstreß besser zu überstehen, auch kleine Rappelköpfe entspannen sich leichter in dieser auf ihr Wesen abgestimmten Kleidung.

Für empfindliche Haut ist Seide eine Wohltat, bei leichten Fällen von Hautirritation kann sie sogar Heilung bringen. Bourretteseidene Windeleinlagen wirken dem Wundsein entgegen.

Seide unterstützt alle gestaltbildenden und formenden Prozesse in der frühkindlichen Entwicklung. Aus diesem Grund ist ein Seidenhäubchen in den ersten Lebenswochen und Monaten besonders förderlich, vor allem bei zarten Kindern. Auch das Hirsekissen in der Wiege hat einen Seidenbezug.

Baumwolle

Lange Zeit kleideten sich unsere Vorfahren in Wolle und Leinen. Nur selten gelangten auf den alten Handelsstraßen Seidenstoffe in die europäischen Fürstenhäuser. Erst mit den Eroberungen der Araber auf europäischem Boden wurde das «weiße Gold» – die Baumwolle – auch bei uns bekannt. Es vergingen aber noch einige Jahrhunderte, bis sie sich auch hier durchsetzen konnte. Heute ist sie wegen ihrer guten Eigenschaften aus unserem Leben nicht mehr wegzudenken. Da sie sich gut reinigen, im Bedarfsfall sogar kochen läßt, hat sie sich bald in der Säuglings- und Krankenpflege unentbehrlich gemacht. In der heißen Jahreszeit sind bunte Sommerstoffe aus leichtem Baumwollgewebe besonders angenehm zu tragen, weil sie nicht so scheuern wie manches derbe Leinenhemd in früheren Tagen. So hat sich die Baumwolle nach und nach den Erdball erobert, bis nun auf einmal vermehrt Probleme mit allergischen Hautreaktionen im Zusammenhang mit Textilien bekanntgeworden sind. Bei genauen Untersuchungen dieser schönen Naturfaser ergaben sich giftige Rückstände sowohl aus dem intensiven Anbauverfahren als auch durch die heute üblichen Veredelungs- und Ausrüstungsmaßnahmen. Baumwolle – die besser gesagt eigentlich «Strauchwolle» heißen müßte, weil sie an Sträuchern wächst – ist ein Malvengewächs. Sie ist an sich nicht giftig, aber was sie heute durchmachen muß, bis sie bei uns im Schrank liegt, mutet an wie eine Horrorgeschichte. Mit künstlicher Düngung, Mitteln zur Schädlingsbekämpfung und Unkrautbeseitigungsmitteln werden die Ernteerträge verbessert. Bevor noch die Ernte beginnt, wird dann die gleichzeitige Reife

Baumwolle
Knospe und geöffnete Kapsel

31

der Fruchtkapseln mit chemischen Mitteln gefördert und der dichte Blattbestand mit Entlaubungsmitteln, wie im Vietnamkrieg, beseitigt, damit die Baumwollkapseln in einem Arbeitsgang maschinell geerntet werden können. Das alles belastet nicht nur die Baumwolle selbst mit Rückständen, es kommt auch zu erheblichen Folgeschäden in Form von Vergiftungen bei Plantagenarbeitern, in der Tierwelt, in der Landwirtschaft und durch Belastung der Gewässer.

Wenn die Baumwolle endlich bei uns die Stadien des Bleichens, Färbens und Hochveredelns durchlaufen muß, damit sie die bekannten Vorzüge wie *pflegeleicht, knitterarm, formbeständig* usw. bekommt, geht die Belastung der Faser weiter. Die Chemikalien, die dabei zur Anwendung kommen, sind teilweise gesundheitsgefährdend. Eine edle Naturfaserbluse aus 100% Baumwolle müßte wahrheitsgemäß heute häufig so gekennzeichnet sein:

73% Baumwolle, 2% Polyacryl, 8% Farbstoffe, 14% Harnstoff-Formaldehyd, 3% Weichmacher, 0,3% optische Aufheller.

Das Etikett weist nur aus, welche Textilfaser verarbeitet worden ist, die Ausrüstungszusätze werden nicht berücksichtigt.[14]

Wenn auch heute viele Baumwollartikel mit dem Zusatz «naturbelassen» angeboten werden, so sind doch die Fasern meistens schon vom Anbau her mit Rückstandsgiften belastet. Diesen bedrückenden Tatsachen stehen alternative Bestrebungen gegenüber. An verschiedenen Orten bemüht man sich schon seit einigen Jahren, die Baumwolle nach den Regeln der biologisch-dynamischen Wirtschaftsweise anzubauen. Der erfolgreichste Betrieb ist die Baumwollfarm «Sekem» im Ägypten. Diese anthroposophische Initiative, die Ende der siebziger Jahre begründet wurde, zeigt an einem modellhaften Beispiel, wie sich neue Ideen heilsam für Erde, Mensch und Gesellschaft verwirklichen lassen. Auf Sekem werden beste Baumwollqualitäten erzeugt.

Aus Amerika kommt neuerdings farbige Öko-Baumwolle in Grün-, Braun-, Blau- und Naturweißtönen auf den Markt. Diese besonderen Zuchtformen sollen künftig die Färbeprozesse mit ihrer Umweltbelastung überflüssig machen.

Naturbelassene Baumwoll-Textilien sind immer als solche gekennzeichnet. Andere Baumwollartikel werden in der Regel chemisch ausgerüstet, auch wenn es heißt «100 % Baumwolle». Selbst weiße Trikotunterwäsche wird heute so behandelt, um die Formbeständigkeit zu gewährleisten. Nicht selten weist einen schon die eigene Nase darauf hin, daß ein Kleidungsstück «veredelt» ist. Der fischige Geruch in der Stoffabteilung mancher Kaufhäuser ist nur die Folge von der Formaldehyd-Ausrüstung der Textilien.[15]

Was die Baumwolle besonders auszeichnet, sind:

- das Feuchtigkeitsaufnahmevermögen von 20%, bei dem sich die Baumwolle noch nicht feucht anfühlt;
- das Wärmerückhaltevermögen, das bei Baumwollstoffen gering ist. Die Pflanzenfaser hat ein hohes Wärmeleitvermögen und keine Lufteinschlüsse. Fertige Gewebe haben indessen bei nicht zu großer Fadendichte ein hohes Maß an Luftdurchlässigkeit;
- die Kochbeständigkeit, die es erlaubt, weiße und auch manche farbigen Textilien bei 95 C zu waschen und von Krankheitskeimen zu befreien;
- die Quell- und Saugfähigkeit, die bei Baumwolle hoch ist. Damit hat sie ein gutes Schweißaufnahmevermögen. Die Trocknungszeiten sind relativ lang. Durch Veredlung werden sie herabgesetzt, aber dadurch wird auch die Saugfähigkeit der Faser vermindert;
- die Scheuerfestigkeit der Baumwolle. Von allen Naturfasern hat Baumwolle die höchste Scheuerfestigkeit und ein sehr gutes Verschleißverhalten;
- die Formbeständigkeit, die bei Baumwolle von Natur aus gering ist, wobei sie zugleich eine hohe Knitterneigung hat. Deshalb muß Baum-

wolle immer gebügelt werden. Durch Fasermischungen und Veredlung (Ausrüstung) kann die Knitterneigung herabgesetzt werden.

Kapok

Wie die Baumwolle ist auch Kapok eine Samenfaser, die aus den schotenartigen Fruchtkapseln tropischer «Wollbäume» gewonnen wird. Die Fasern haben nur eine geringe Zugfestigkeit, dafür aber 70–80% Lufteinschlüsse. Das macht diese Pflanzenfaser sehr weich und leicht und deshalb besonders zum Füllen von Polstern und Matratzen geeignet.

Leinen

Bereits 5000 Jahre v.Chr. wurde Flachs in Mitteleuropa und Ägypten angebaut, versponnen und verwebt. Während in der Bronzezeit in Europa die Verwendung von Leinen zu Gunsten der Wolle etwas zurückging, entwickelte sich in Ägypten eine hohe Kultur der Verarbeitung von Leinen. Begriffe wie «Leinener Nebel» und «Byssusgewänder» künden von der Bedeutung des Leinens in dieser Zeit. Byssus nannte man im Altertum bis ins Mittelalter hin-

ein durchschimmernde, feine Leinengewebe aus weißen bis gelblichen Leinenfäden. Die feinsten und teuersten Gewebe, an Wert dem Purpur gleich, wurden aus den zartesten Fäden einer Flachspflanze gewebt, die nur im Nildelta wuchs: alexandrinischer Byssus. Gröbere Byssusgewebe dienten in Ägypten als Umhüllung der Mumien. Je mehr sich nach den Kreuzzügen europäische Kultur in jenen Bereichen ausdehnte und indische und persische Baumwolle auch dort an Bedeutung gewann, ging die Leinenverarbeitung in Ägypten zurück, bis der Byssus im 15. Jahrhundert gar nicht mehr erwähnt wird. Dafür traten baumwollene Gaze- und Schleierstoffe an seine Stelle. In Europa wurde vor allem in den römisch besetzten Gebieten wieder vermehrt Flachs angebaut. Im Spätmittelalter waren die Leinweber eine angesehene Zunft. Aber mit der zunehmenden Industrialisierung im 19. Jahrhundert, dem Vordringen der Baumwolle und den Schwierigkeiten bei der maschinellen Verarbeitung des Leinens ist die Leinenweberei in Mitteleuropa immer mehr zurückgegangen, und damit sind auch die Flachsfelder mit ihren zartblauen Blüten aus unserem Landschaftsbild verschwunden. Erst in jüngster Zeit wird dem Flachs wieder mehr Aufmerksamkeit geschenkt. Als Faserpflanze (Leinen) und als Öl-

Flachs-(Lein)-pflanze

pflanze (Leinöl und Leinsamen) ist sie auch heute noch in zweifacher Hinsicht eine interessante Kulturpflanze.

Derzeit wird ein 100% reines Leinengewebe, versehen mit dem Gütesiegel «Rein Leinen», angeboten. Das Gütesiegel «Halb Leinen» gilt einem Stoff mit einer Baumwollkette und Leinen im Schuß. Dabei muß der Leinenanteil mindestens 40% des Gesamtgewichts betragen.

Weitere Stoffe, die den Begriff «Leinen» in ihrem Namen tragen, haben oft nur geringe Leinenbeimischungen, die in % gekennzeichnet sein müssen, oder es sind Leinenimitate oder Stoffe mit Leinenoptik, die aus reinen synthetischen Fasern oder Fasermischungen sein können.

Leinen zeichnet sich durch seine besonderen Eigenschaften aus, die sich durch Bleichen und Ausrüsten sehr verändern können. Zu den Merkmalen unbehandelten Leinens gehört:

– das Feuchtigkeitstransportvermögen und die gute Saugfähigkeit der Faser, die Leinen für Geschirrtücher, Bettwäsche und sommerliche Kleidung empfehlenswert machen;

– das Wärmerückhaltevermögen, das durch die hohe Wärmeleitfähigkeit der Pflanze nur gering ist;

– die Luftdurchlässigkeit, die bei nicht zu dicht gewebtem Stoff sehr gut ist;

– der Glanz, der je nach der Sorte des Flachses und dem Röstverfahren verschieden sein kann. Er wird bestimmt durch die Faseroberfläche mit ihren Wachsen, Fetten und dem Pflanzenleim. Der bekannte milde und natürliche «Leinenglanz» bleibt bei kaltwasser- und taugeröstetem Flachs erhalten;

– der kühle Griff, der vor allem durch den Pflanzenleim, der die Einzelfaser umhüllt, hervorgerufen wird, und der dem Leinen damit auch einen etwas härterem Griff verleiht;

– das Waschverhalten. Die glatte Faseroberfläche ergibt eine geringere Anschmutzbarkeit und beim Waschen eine gute Schmutzabgabe. Leinen kann man kochen, es leidet aber unter scharfen Waschmitteln, dem maschinellen Waschprozess und vor allem starkem Schleudern mehr als Baumwolle;

– die Scheuerfestigkeit, die gut ist, woraus sich ein mittleres Verschleißverhalten ergibt. Die Leinenfaser mit ihrem höheren kristallinen Anteil und dem Pflanzenleim scheuert sich aber rascher ab als die Baumwollfaser;

– die Form- und Knitterbeständigkeit, die sich aus dem besonderen Aufbau und dem härteren Griff der Faser ergibt. Im nassen und im trockenen Zustand ist die Knitteranfälligkeit sehr hoch. Leinen muß nach jedem Waschvorgang feucht gebügelt werden, eventuell sogar nach jeder Benutzung.

35

Ramie

Mit dem Gesetz zur Deklarierung von Fasermischungen ist auch der Name «Ramie» ins Bewußtsein der Menschen in Deutschland getreten. Erste Hinweise auf diese Nesselfaser kommen aus der Zeit um 1800 v.Chr. aus China, aber erst zu Beginn des 19. Jahrhunderts ist sie in England versponnen worden. Die Anbaugebiete liegen in den subtropischen bis tropischen Gebieten von China, Japan, Brasilien, den Philippinen, Taiwan, Thailand, Indonesien, Rußland, Indien und Vietnam. In Europa hat Ramie aber wegen des relativ hohen Preises nicht die Bedeutung erlangen können wie in den außereuropäischen Ländern. Die weiße oder chinesische Nessel aus den subtropischen Zonen sowie die grüne oder indische Nessel, die im tropischen Klima gedeiht, erreichen etwa eine Höhe von 2–3 Metern. Die Faser ist gelblich bis bräunlich und wird nach dem Bleichen schneeweiß. Nach der Baumwolle mit ca. 87% hat Ramie mit 72% den höchsten Zelluloseanteil. Die aufbereiteten Stengelfasern werden in Form von Baststreifen getrocknet und kommen unter der Bezeichnung «Chinagras» in den Handel.

In reiner Form wird Ramie wegen seiner hohen Zugfestigkeit vor allem für Nähfäden, Seilerwaren, Bänder, für technische Zwecke und für Spitze eingesetzt. Ramie als Beimischung zu Baumwolle, Leinen und Wolle verbessert die Qualität. So entstehen hochwertige Textilien wie Hemden, Blusen, feine Kleiderstoffe, Maschenware und Haushaltswäsche. Die Eigenschaften von Ramie sind:
- das Wärmerückhaltevermögen, das – wie bei allen Zellulosefasern – gering ist;
- der Glanz. Ramie hat einen milden, schönen Glanz;
- die Zugfestigkeit, die die höchste von allen Naturfasern ist.

Die Feuchtigkeitsabgabe und die Luftdurchlässigkeit spielen für uns keine Rolle, weil die Faser nur als Beimischung auftritt.

Die synthetischen Fasern stellen sich vor

Schon im letzten Viertel des vorigen Jahrhunderts gelang es an verschiedenen Orten, Kunstseidenfäden auf der Basis von Zellulose labormäßig herzustellen. Es sollte indessen noch Jahrzehnte dauern, bis eine fabrikmäßige Kunstseidenherstellung möglich wurde.

Viscose

Die heute meistverarbeitete Kunstseide auf Zellulosebasis ist die Viscose, die man auch «Zelluloseregenerat» nennt. Dennoch ist diese regenerierte Zellulose ein totes Material, das seine Entstehung so scharfen Chemikalien wie Natronlauge und später Schwefelkohlenstoff verdankt. Infolge der chemischen Auflösung des Zellstoffs und Überführung in eine Spinnlösung büßt das Ausgangsmaterial, Holz und Abfälle aus der Baumwollspinnerei, (Baumwoll-Linters) seinen natürlichen Charakter ein.

Die reine Viscose in ihrer ursprünglichen Form hat nur einen begrenzten Anwendungsbereich, wie zum Beispiel für Litzen, Bänder, Krawatten und ähnliches. In den meisten Fällen werden durch Ausrüstungsverfahren weiterentwickelte Spezialtypen eingesetzt für leichte und schwerere Blusen- und Kleiderstoffe, Wäsche, Kostüm- und Mantelstoffe und für Heimtextilien.

Modalfasern sind beispielsweise weiterentwickelte, äußerst naßfeste Fasern mit verbesserter Formbeständigkeit und gutem Waschverhalten.

Polynosicfasern zeichnen sich zusätzlich durch besonders gutes Verschleißverhalten aus.

Zellwolle, ein weiteres Produkt aus Viscose, entsteht durch Zerschneiden der zunächst endlosen Kunstseidenfaser. Die so entstandene Viscose-Flocke wird anschließend zu einem rauhen Faden versponnen.

Wegen der speziellen Eigenschaften einzelner Viscosetypen lassen sich nur bedingt Aussagen machen über das Verhalten dieser Fasern. Folgende Angaben beziehen sich nur auf das ursprüngliche Produkt:

– das Wärmerückhaltevermögen ist wegen der Glätte und Feinheit der Fasern, und weil letztere auch keine Lufteinschlüsse haben, relativ gering. Bei gewissen Spezialtypen kann auf Grund ihrer Ausrüstung durch Kräuselung das Wärmerückhaltevermögen gesteigert werden;

– das Feuchtigkeitsaufnahmevermögen ist ähnlich wie bei Baumwolle. Viscose hat eine relativ hohe Quell- und Saugfähigkeit;

37

– das Waschverhalten. Die Faser besitzt eine gewisse Schmutzhaftung, was die Reinigung erschwert. Die Trockenzeit ist verhältnismässig lang;
– die Formbeständigkeit ist bei einfacher Viscose sehr gering, während die Knitterneigung hoch ist;
– die Luftdurchlässigkeit ist gering.

Acetat

Neben der Viscose ist Acetat und vor allem Triacetat eine vielverarbeitete Kunstseide, deren Vorprodukt durch Veresterung der Zellulose entsteht. Die so gewonnene, körnige Masse wird mit Hilfe von Methylenchlorid in eine Spinnlösung übergeführt und zu Kunstseidenfäden versponnen oder besser gesagt: gegossen. Acetat wird zu seidenähnlichen Stoffen, Futterseide, Brokat, Seidenjersey und wegen seiner guten Formbarkeit zu Permanentplissee verarbeitet. Es dient aber auch in Form von Acetat-Flocke zu Kissenfüllungen und als Vlies für Steppstoffe. Besondere Merkmale von Acetat sind:
– das Wärmerückhaltevermögen ist im Vergleich zu anderen Zellulose-Synthetikfasern besonders hoch und kann durch die Spezial-

ausrüstung «Texturieren», d.h. Kräuselung noch erhöht werden;
– die Luftdurchlässigkeit ist gut;
– das Feuchtigkeitsaufnahmevermögen ist bei der nur geringen Quell- und Saugfähigkeit sehr gering, dadurch ergeben sich kurze Trocknungszeiten.

Cupro – Kupferkunstseide

Die beste und auch die teuerste Kunstseide ist bekannt als Cupro oder Cupresa. Anfang unseres Jahrhunderts war Kupferkunstseide auch als Bembergseide bekannt. In ihren Eigenschaften läßt sie sich mit Viscose vergleichen.

Cuprama ist eine Zellwolle aus dem Grundmaterial.

Polyester – Polyamid – Polyacryl

Die Gruppen der Fasern aus den sogenannten «synthetischen Polymeren» mit den bekanntesten Vertretern Polyamid, Polyester und Polyacryl, sind besonders vielseitig, da sich im Labor vielerlei Kettenmolekülverbindungen herstellen lassen. Es ist ein Zeichen der Zeit, daß man, ohne die Sprache der Wissenschaft zu verstehen, sich kein Bild mehr machen kann, worüber in bezug auf diesen so alltäglichen Bereich der Bekleidung gesprochen wird. Zum besseren Verständnis des griechischen Wortes «Polymere» sei gesagt: poly = viel, mere = Teilchen. Ein Polymer ist eine Substanz, die chemisch betrachtet aus vielen, zu einer Molekülkette zusammengefaßten Einzelteilchen (Molekül) besteht.

Es gibt natürliche Polymere, dazu gehören unter anderem auch die Samenfasern der Baumwollkapseln und das zellulosehaltige Holz.

Die Kunstseiden Viscose, Acetat und Cupresa sind ihrer Herkunft nach zwar aus natürlichen Polymeren, im chemischen Herstellungsprozess haben sie aber ihre lebendige Beziehung zur Natur eingebüßt. Als Kunstseiden haben sie etwas Schlackenhaftes. Und es gibt *synthetische Polymcrc*, Kettenverbindungen, die erst chemisch hergestellt werden müssen. Zu dieser letzten Gruppe gehören alle Produkte, deren Ausgangsmaterial mineralische Rohstoffe sind.

Die letztgenannte Gruppe, zu der Polyester, Polyamid und Polyacryl gehören, hat viele Gemeinsamkeiten, obwohl jede Faserart ihren besonderen Charakter hat. Polyester ist stoffartig, Polyamid (Perlon, Nylon) ist seidenartig und Polyacryl ist Kunstwolle (Dralon). Die gemeinsamen Eigenschaften sollen im Folgenden charakterisiert werden.

Diese Fasern sind ein Spiegelbild menschlicher Intelligenz. Sie versprechen Vorteile, die in diesem Umfang von keiner Naturfaser erreicht werden können. Scheuerfest, reißfest, pflegeleicht, bügelfrei, knitterarm und oft auch wetter- und lichtunempfindlich sind einige ihrer besonderen Merkmale. Aber in diesen Schöpfungen des Menschen spiegeln sich auch seine Irrungen und Einseitigkeiten wider, denn diese Fasern können zum Beispiel Feuchtigkeit weder aufnehmen noch halten, noch überschüssige Körperwärme nach außen abfließen lassen. So kommt es leicht zu einem Feuchtigkeits- und Wärmestau. Wer aber zu wenig Eigenwärme hat und friert, kann sich in solcher Kleidung nur schwer warmhalten. Da machen sich die Eigenschaften des kühlen Minerals geltend. Synthetische Polymere können keine natürlichen Wärmequalitäten vermitteln, sie schaffen vielmehr in gewissem Sinne eine isolierende Schicht um den Menschen, die auch die normale Luftbewegung im Textil, den Luftaustausch behindert. Als ein weiteres Problem erweist sich die Tatsache, daß diese Fasern für die ultravioletten Strahlungen des Sonnenlichts stärker durchlässig sind. Man fühlt sich durch die Kleidung geschützt, der Stoff vermittelt Schatten, und doch bekommt man einen Sonnenbrand. Polyester-Sonnenschirme und Sonnengardinen sowie Sonnenhüte aus diesen Materialien halten nicht, was sie versprechen.

Solchen Mängeln abzuhelfen und synthetische Fasern mit speziellen Eigenschaften zu schaffen ist die Aufgabe moderner Textilwissenschaftler. Das Texturieren, das heißt das Kräuseln der an sich glatten Kunstseide und die mit Spezialspinndüsen erreichte Rillung der einzelnen Faser sind Weiterentwicklungen, die jetzt auch eine gewisse Aufnahme, ein Halten von Feuchtigkeit ermöglichen.

Die starke Neigung zu elektrostatischen Aufladungen dieser Kunstfasern kann nicht nur sehr lästig sein und im Umgang mit technischen Apparaturen wie Computern zu Komplikationen führen, sie begünstigt auch ein starkes Anschmutzen.[16]

Die Maßnahmen zur Veredlung, Weiterentwicklung und Ausrüstung der synthetischen Textilien, mit denen solchen Mängeln und Einseitigkeiten begegnet wird, sind zum großen Teil mit dem Einsatz von chemischen Mitteln verbunden, die nicht geringe Risiken für die Gesundheit mit sich bringen. Auf eine ausführliche Darstellung muß aber an dieser Stelle verzichtet werden.

Fasermischungen

Man begegnet Fasermischungen aus allen möglichen Faserarten in allen textilen Bereichen, von der Körperwäsche bis zur Oberbekleidung. Mischungen haben sich bewährt, weil dabei verschiedene, sich ergänzende Vorteile kombiniert werden können. Hier sollen nur solche Mischungen angesprochen werden, die sich aus Naturfasern zusammensetzen, weil aus den oben genannten Gründen für das erste Jahrsiebent die lebensnahen Fasern aus der Natur die geeignete Bekleidung bilden.

Wolle-Seide, zwei tierische Fasern mit hohem Feuchtigkeitsaufnahmevermögen und guten wärmenden Eigenschaften. In der Flocke versponnen wird die Rauhigkeit des Wollhaars durch die glatte, schmiegsame Seide gemildert und die Haltbarkeit der Wolle erhöht. Viele Kinder ziehen lieber ein Wolle-Seidenhemdchen an, weil es so schön weich ist und nicht kratzt. Vor allem empfindliche Kinder fühlen sich darin wohl. Auch für Strumpfhosen eignet sich diese Mischung, wenngleich solche Hosen immer etwas teuer sind.

Die Fasermischung aus Wolle und Seide darf aber nicht verwechselt werden mit Wolle und Seide als zwei textilen Flächen. Ein Wollpullover über einem Seidenhemd getragen, kann zu erheblichen elektrostatischen Aufladungen führen, und damit zu einer Belastung der Nerven. Eine neutrale Zwischenschicht, wie beispielsweise eine Baumwollbluse, kann das aber verhindern.

Wolle-Baumwolle als Mischung ergibt ein kräftiges, strapazierfähiges Material, daß sich zum Beispiel hervorragend für Strumpfhosen eignet. Hierbei ergänzt die Wärmequalität der Wolle die Festigkeit der Baumwollfaser.

Ramie als Beimischung zu anderen Naturfasern gibt den Textilien immer einen weicheren Griff, weil die Faser seidigen Charakter hat.

Kinderkleidung

Das Erdenkleid in den ersten drei Lebensjahren

Die Seele eines Kindes ist heilig, und was vor sie gebracht wird, muß wenigstens den Wert der Reinheit haben. *Johann Gottfried Herder*

Schon sehr bald signalisiert das Kind durch seinen Blick und das Drehen des Köpfchens, daß es Sinneseindrücke verfolgen kann, und beglückt stellt man fest: es ist ein gesundes Menschenkind. Mit solchen und ähnlichen Gedanken überträgt man auf das kleine Kind die eigenen Lebenserfahrungen und Wünsche, wobei man nur zu leicht vergißt, welche Stufen der Entwicklung ein Kind nach und nach durchmachen muß. Ein Tier kommt mit Instinkten zur Welt, ein Menschenkind erwirbt sich individuelle Fähigkeiten. Später zeigt es sich dann vielleicht, daß dieser Mensch ein gutes Fingerspitzengefühl hat, ein richtiges Gespür für die Dinge, dann ist die damit angesprochene Gabe schon sehr früh veranlagt worden und hängt u. U. mit ersten Kindheitserfahrungen zusammen.

Wenn auch das Umfeld des Neugeborenen noch sehr begrenzt ist, vermittelt es doch erste tiefgreifende Eindrücke. Neben dem innigen Kontakt zur Mutter sind es vor allem die Textilien der Säuglingskleidung und des Körbchens, Bettchens oder der Wiege, die das Kind zum Teil sogar hautnah umgeben. Vorurteilslos ertasten die an die Umwelt hingegebenen Sinne zum Beispiel Rauhigkeit oder Glätte dieser ersten irdischen Hüllen. Hatte bisher die schützende Mutterhülle mit ihren Säften und Kräften das werdende Menschenwesen umsorgt, so muß nach der Geburt die Mutter mit den Elementen der äußeren physischen Natur Erdenkleider für den neuen Erdenbürger schaffen, die nun den zarten Körper umhüllen, kräftigen und aufbauen und seinen Sinnen Nahrung bieten. Eindrücke, die das Kind jetzt empfängt, sind bleibende Eindrücke. Sie wirken prägend und formend auf den Aufbau der ganzen inneren Organisation und auf die noch unreifen äußeren Sinnesorgane. Vor allem im Zusammenhang mit der Kleidung sind mehrere Sinne angesprochen: der Tastsinn, der die Qualität und Beschaffenheit des Stoffes wahrnimmt; das Auge, das von der Farbe und der Gestaltung oder Form der Kleidung angesprochen wird;

das Gefühl für eine ausgeglichene Körperwärme, an dem sich nach und nach eine gesunde Wärmeorganisation und der Wärmesinn entfalten können; der Sinn für die eigene Körperbewegung, die im Zusammenhang steht mit der Gestaltung der Kleidung; das Erleben von Behaglichkeit und Wohlbefinden, dem der Lebenssinn zugrunde liegt. Aber vorläufig ist die zarte körperliche Organisation mit ihren noch unreifen äußeren Sinnen wie eine unberührte Landschaft. Welche Spuren und Pfade wir dort hineinbilden durch alles, was mit Säuglingspflege und Bekleidung sowie mit den unzähligen Dingen des täglichen Lebens zusammenhängt, das wird für die Zukunft des Kindes gesundheits- und schicksalsbildend sein.

So ist schon in den ersten Lebensjahren die Bekleidung eines der beherrschenden Felder, auf dem erste Erfahrungen gemacht werden. Unser heutiges Wort Erfahrung (erfahren, fahren) ist von einem alten Wortstamm aus dem althochdeutschen, altsächsischen und altnordischen Sprachraum abgeleitet, wo es immer für eine heftige, schnelle Bewegung stand. Der alte Begriff «Fahre» oder «Fahrgleise» für Furche ist noch zur Lutherzeit gebräuchlich gewesen und weist gleichzeitig auf die Tiefe der Furche, des «Er-fahren» hin. In diesem umfassenden Sinne sei auch hier das Wort «Erfahrung» gebraucht, denn was im frühkindlichen Alter erfahren wird, hinterläßt tiefe Furchen oder besser gesagt «bleibende Eindrücke». Sie formen den zarten kleinen Körper, der noch so bildsam ist wie weicher Ton, und so bilden sie die «Fahrgleise», in denen dann später die Entwicklung des jungen Menschen verläuft.

Die vorangehende Übersicht über alle für die Bekleidung wichtigen Textilfasern vermittelt einen Eindruck von dem lebendigen beziehungsweise künstlichen Herkunftsbereich. Die kleinen Kinder haben dafür ein Gespür, denn sie wissen noch manches von Zwergen und Elfen und von dem Wesenhaften, das durch eine Blumenwiese webt. Für sie ist das Wollhemd mehr als nur das Material, das wir in den Händen halten. Es wird zur lebensnahen Hülle, vor allem, wenn es ohne «wash and wear» – Ausrüstung, aus naturbelassenem Material ist. Das gleiche gilt für die lichtdurchwirkte, echte Seide, die die Kinder besonders lieben. An solchen Eindrücken darf sich das Kind für die Erde aufschließen und in der Erdenwirklichkeit entfalten. Es muß nicht in künstlich geschaffener Synthetik-Kleidung aufwachsen, die seine Sinne nur täuschen und abstumpfen kann.

Neuere wissenschaftliche Forschungsergebnisse bestätigen die Bedeutung des Tastsinnes auch bei den pflegenden Maßnahmen:

43

«Wenn sich die circadiane Periodik (Tag- und Nachtrhythmus) im Laufe der Entwicklung erst ausprägen und mit dem 24-Stunden-Rhythmus der Umwelt synchronisieren muß, so spielen dafür die «Zeitgeber» eine wichtige Rolle. Da in den ersten Lebenswochen der Bereich der *Tastempfindungen* schon die größte Reife hat, sind besonders alle Eindrücke sehr wichtig. Hierzu gehören sämtliche Berührungen bei der Pflege wie Wickeln und Baden, dann das Umhertragen und rhythmische Wiegen im Arm und in der Wiege, aber auch das Stillen.»[17]

Auch die Augen der Allerkleinsten nehmen regen Anteil am Umkreis und damit an den Bekleidungshüllen, doch was sie wirklich sehen, können wir nur ahnen. So hat z.B. die Beobachtung zweier ganz kleiner Kinder gezeigt, daß die Farben Blau, Rot, Grün und Gelb zunächst nicht unterschieden werden konnten, erst allmählich erwachte der Sinn für das Blau und Gelb. Es sollte aber bei diesen Kindern noch bis gegen das dritte Lebensjahr dauern, ehe sie auch Rot und Grün sicher bestimmen konnten[18]. Manche Kinder brauchen vielleicht noch länger für die Entwicklung ihres Farbensehens. Solche Beobachtungen können öfter gemacht werden, sie weisen darauf hin, daß die Organe der Neugeborenen, auch wenn sie äußerlich als Augen, Ohren, Nase usw. ganz vollkommen und schön ausgebildet sind, in ihrer inneren Struktur erst in einem knospenhaften Zustand sind. Sie sind noch unreif und bedürfen unserer Behütung und Pflege. Übertrieben grelle Farben schockieren nicht nur den Sehsinn, sie stumpfen ihn ab für die feinen Farbabstufungen in der Natur. So ist von den naturvertrauten nordamerikanischen Indianern bekannt, daß sie z.B. mehr als dreißig Farbabstufungen allein innerhalb der Farbe Rot zu unterscheiden und zu benennen vermögen.

Andere, die Sinne des werdenden Menschen verletzende Eindrücke gehen von der lauten elektronischen Musik aus und den fremden Rhythmen, die das Ohr attackieren.

Das Windeln und Wickeln

Mit der modernen Höschenwindel schien das Windelproblem endgültig gelöst zu sein, aber leider ist sie trotz ihres hohen Feuchtigkeitsaufnahmevermögens genauso eine luftdichte Verpackung wie die alte Gummihose. Nach wie vor entwickeln sich in dem feucht-warmen Windelklima Dämpfe, die auf die weiche, durchlässige Kinderhaut zurückwirken. Auf diese Weise gelangen auch die in der Windelfeuchtigkeit gelösten Rückstände der geruchshemmenden und antibakteriellen Ausrüstung und des Herstellungsverfahrens an die Kinderhaut. Hautrötung und Ekzeme sind die ersten Anzeichen für eine zu starke Belastung der Haut.

Gegen den Einsatz von Höschenwindeln spricht darüber hinaus die Tatsache, daß zum Beispiel in Kanada die nördlichen Wälder der Provinz Alberta an internationale Windel-Zellstoffkonzerne verkauft worden sind. Auch in Skandinavien und Nordamerika (Alaska) haben diese Unternehmen große Waldgebiete erworben und exportieren vier mal so viel Holz aus dem Norden als aus sämtlichen Tropenländern zusammen. Uralte Baumbestände fallen dem Kahlschlag zum Opfer, damit unsere Verbraucher-Gesellschaft befriedigt werden kann. Zurück bleibt eine Wüstenei von Baumstümpfen in einer verödeten Landschaft. Welche Auswirkungen sich dadurch auf die Klimaverhältnisse auf der Erde ergeben, ist noch nicht abzusehen.[19] Aber auch die mehrfache Umweltbelastung, die sich einerseits aus dem Transport der riesigen Holzmassen ergibt, die ferner als eine erhebliche Luft- und Gewässerbelastung bei der Zellstoffproduktion und am Ende als Windel-Müllberge auftritt, drängt sich immer mehr als ein schwerwiegendes Problem in das Bewußtsein der Menschen. Wenn man bedenkt, daß ein Baby bis zum Trockenwerden ca. 6500 Wegwerfwindeln benötigt, während es mit einem kleinen Häuflein Stoffwindel auskommen könnte, die später noch für andere Kinder zur Verfügung stehen würden, dann zeigt das nur zu deutlich, daß heute durch Werbung und Verkaufsstrategie falsche Akzente gesetzt werden.

Für den Säugling ist die stets «trockene» Höschenwindel eine falsche Information, er lernt nicht den Zusammenhang kennen zwischen den Körperausscheidungen und dem ungemütlichen Gefühl in nassen Windeln, es fehlt ihm die Wahrnehmung. So braucht das Kind erfahrungsgemäß mindestens 1/2 Jahr länger, bis es trocken ist. Besonders lange – oft jahrelang – dauert es, bis es auch nachts durchhält. Selbst die neuste Generation der sogenannten «training pants», der «Lernhöschen», die erst nach einer Verzögerung von einigen Minuten die Feuchtigkeit ganz aufnehmen, und damit dem Kind wenigstens kurzfristig das natürliche und zugleich unangenehme Empfinden von nassen Windeln vermitteln sollen, sind keine brauchbare Alternative zur natürlichen Wickelmethode.

«Wie lernen die kleinen Kinder denn das?» fragte ein größeres Kind. Nur über die körperliche Erfahrung, über die Wahrnehmung und über die unangenehme Empfindung in nassen Windeln. Das sind Lernstufen, die lange vor   45 dem Bewußtwerden der körperlichen Vorgänge erreicht werden sollten, denn mit Bewußtsein und Willenskraft läßt sich während des Schlafes später nichts erreichen[17]. Säuglinge haben ein sehr feines Empfinden für die liebevolle Zuwendung, die wir ihnen während des Wickelns zukommen lassen und verfolgen mit Aufmerksamkeit, was da mit ihnen geschieht. Und so kann man bald beobachten, wie das Kind an der Wickelprozedur Interesse zeigt. Das ist ein erster Lernschritt zum Trockenwerden, denn alle Maßnahmen und körperlichen Zuwendungen bei der Säuglingspflege sind für das Kind immer auch mit einem Lernprozess verbunden. Demgegenüber entspricht ein rascher Windelwechsel mit geübtem Griff eher einem technischen Vorgang, nicht aber der menschlichen Ebene der Beziehung zwischen Mutter und Kind.

Die natürliche Art zu wickeln

Junge Eltern wählen daher wieder zunehmend die bewährte, natürliche Wickelmethode. Hierfür gibt es jetzt eine vielseitige Auswahl, angefangen bei der einfachen, leichten und der dickeren, saugfähigeren dänischen Mullwindel, bis zu verschiedenen Naturfaser-Kletthosen, amerikanischen Windeln, Bindewindeln und

46

Wickelkind aus vergangenen Zeiten

Windeln für Buben und Mädchen. So kann man für den individuellen Bedarf altersstufengerechte Naturfaser-Windelkombinationen finden und für besonders empfindliche Kinderhaut die hautfreundlichen Bourretteseidenwindeln, die vor allem auch bei Wundsein Erleichterung bringen.

Das Wickeltuch

Wenn auch das Wickelkind von ehedem heute nur noch ein Windelkind ist, so soll an dieser Stelle doch einmal an die Vorteile der guten alten Wickelmethode erinnert werden. Unsere Großeltern haben noch gewußt, daß es nicht ratsam ist, die Kinder allzufrüh einfach strampeln zu lassen, weil sie dadurch leicht zappelig, zerfahren und oberflächlich werden könnten. So hat man sie etwa bis zum 4. oder 5. Monat gewickelt, nicht länger und auch nicht zu fest, weil die Kinder sonst zu schwerfällig und in ihren Bewegungsabläufen gehemmt werden würden. Das Wickeltuch wurde mit einem Windelband zusammengehalten. Es vermittelte noch etwas von der Geborgenheit, die das Kind auch im Mutterleib erfahren hatte und schaffte damit einen allmählichen Übergang zum freien Bewegen der Gliedmaßen. Indem es von außen

Halt und Stabilität bot, stützte es in den ersten Lebensmonaten die noch zarte innere Organisation und ermöglichte so, daß sich eine innerlich gestraffte und gefestigte Leiblichkeit als Hülle für das Ich entfalten konnte. Es sollte im späteren Leben des jungen Menschen nicht das vielzitierte Bibelwort sich bewahrheiten: «Der Geist ist willig, aber das Fleisch ist schwach.»[19]

An diese Kenntnisse und Erfahrungen soll angesichts der vielen zappeligen Kinder von heute erinnert werden, vor allem, weil sich inzwischen herumgesprochen hat, daß nicht jede Neuerung zugleich auch mit einem Fortschritt verbunden ist. Mütter, die heute ein Wickeltuch einsetzen, verzichten auf das Windelband und wickeln das Neugeborene nur während etwa vier bis sechs Wochen nach dieser Methode.

Für das Neugeborene ist diese Wickelprozedur ein viel schonenderer und einfacherer Vorgang als das mühselige Anziehen der Strampelhose. Für das kleine zarte Wesen sind die aufwendigen Handgriffe, bis das Höschen sitzt, nur eine zusätzliche Belastung. Am meisten fühlt es sich gestört nach der letzten Mahlzeit am späten Abend, wenn es schon schlafen möchte. Wie leicht und schnell ist stattdessen ein großes Wickeltuch über den Windeln und über der wollenen Windelhose angelegt, ohne daß das Kind in seiner Ruhephase gestört wird 47

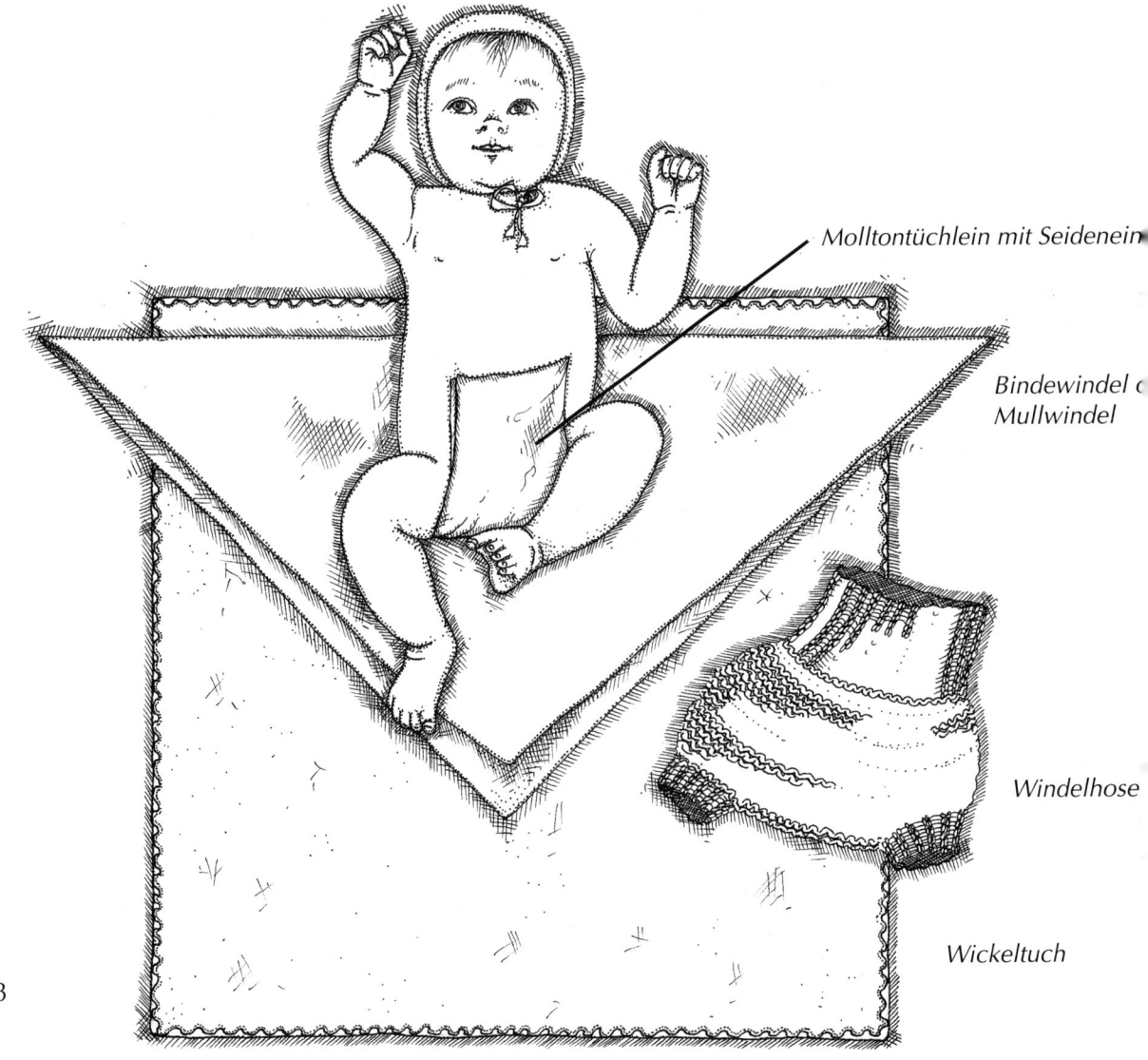

Molltontüchlein mit Seidenein...

Bindewindel ...
Mullwindel

Windelhose

Wickeltuch

48

und richtig losschreit. Erst wenn sich das Kind durch kräftiges Strampeln aus dieser Umhüllung befreit, ist auch die Zeit für die Strampelhose gekommen.

Das Wickeltuch kann ein dickes, beidseitig gerauhtes Baumwolltuch (Molton) sein, oder ein saugfähiges Wolltuch von der Größe 80 x 70 cm. An den Schnittkanten wird es mit einem Schlingstich (Festonstich) versäubert, ein Saum würde nur drücken.

Eine wichtige Voraussetzung für den problemlosen Windelwechsel ist die sorgfältige Vorbereitung aller notwendigen Handgriffe. So vermeidet man Hektik und die Gefahr, daß das Kind vom Wickeltisch fällt. Für die Mutter erreichbar steht eine Schüssel mit warmem Wasser; Seiflappen, Seife und Pflegetüchlein sowie das Handtuch liegen bereit. Unerreichbar für die Kinderhände steht die geöffnete Babyöl-Flasche und die Cremedose, die Wechselwäsche liegt griffbereit. Das Windelpaket ist sorgfältig vorbereitet, zuunterst liegt das große Wickeltuch, dann eine Bindewindel oder die gefaltete Mullwindel, ein kleines Moltontüchlein und als innerste Auflage eine Bourretteseideneinlage. Das natürliche Material regt die Blutzirkulation an, es wirkt antibakteriell und entzündungshemmend.

Wenn nun das Baby sorgfältig in die Windeln gewickelt worden ist, wird zunächst eine wollene Windelhose darübergezogen und nun das Wickeltuch unterhalb der Ärmchen angelegt, so daß die Ärmchen frei bleiben. Zunächst wird die untere Länge über die Füßchen geschlagen, wobei allerdings genug Freiraum für die Beine erhalten bleiben muß. Dann werden die Seiten von rechts und links um das Kind gelegt und die obere lose Ecke nach innen geschlagen. Auf diese Weise ist sie festgeklemmt und das Wickelkind kann wieder in die Wiege gelegt werden.

Ausführliche Anleitungen zu verschiedenen zeitgemäßen und natürlichen Wickelmethoden enthält das kleine Büchlein «Natürlich wickeln»[20].

Die wollene Windelhose

Das große Feuchtigkeitsaufnahmevermögen naturbelassener Wolle, die noch etwas Wollfett hat, ist das Geheimnis dieser bereits erwähnten Windelhose. In ihr liegt das Kind nicht direkt im Nassen, weil sie die überschüssige Feuchtigkeit aus den Baumwollwindeln aufsaugt. Im Handel werden verschiedene Modelle angeboten. Man muß dabei beachten, daß die Hose hoch genug heraufgezogen werden kann, daß sie einen guten Beinabschluß hat und nicht zu dünn ist. Für ein

Wollene Strick-Windelhose

teil doppelt verarbeitet werden kann. Hier gelten die gleichen Gesichtspunkte, ein hoher Bundrand, gute Beinabschlüsse und eine Hosenform, die vorne zum Zuknöpfen ist, um das Anlegen zu erleichtern. Die selbstgestrickte Hose darf nicht aus zu losen Maschen gearbeitet sein, weil da die Feuchtigkeit durchsickern kann. Etwas verfilzte Wollhosen erfüllen ihren Zweck noch besser, das ist kein Grund, sie auszurangieren.

Arbeitsanleitung:
Wollene Strick-Windelhose[21]

Material:

etwa 120 g gezwirnte Schafwolle. Bundrand mit einfachem Faden, Hosenteil mit doppeltem Faden gearbeitet.
Nadelstärke:
Bundrand Nr. 3, Hosenteil Nr. 5
Maschenprobe mit doppeltem Faden:
10 cm = 18 M; 16 Rippen oder 32 Reihen
Muster:
Bundrand 2 rechts, 2 links
Hosenteil kraus stricken, d.h. Hin- und Rückreihe rechte Maschen arbeiten.

Baby braucht man in der Regel drei wollene Windelhosen, die später durch ein größeres Modell ergänzt werden müssen. Sie dürfen nicht zu eng sein, sollen aber gut anliegen, damit sie das darunterliegende Windelpaket gut zusammenhalten.

Man kann diese Windelhosen auch selbst strikken. Dafür braucht man eine nicht zu dünne Wolle, die für die Ränder einfach und im Hosen-

50

Anschlag 84 Maschen mit einfachem Faden

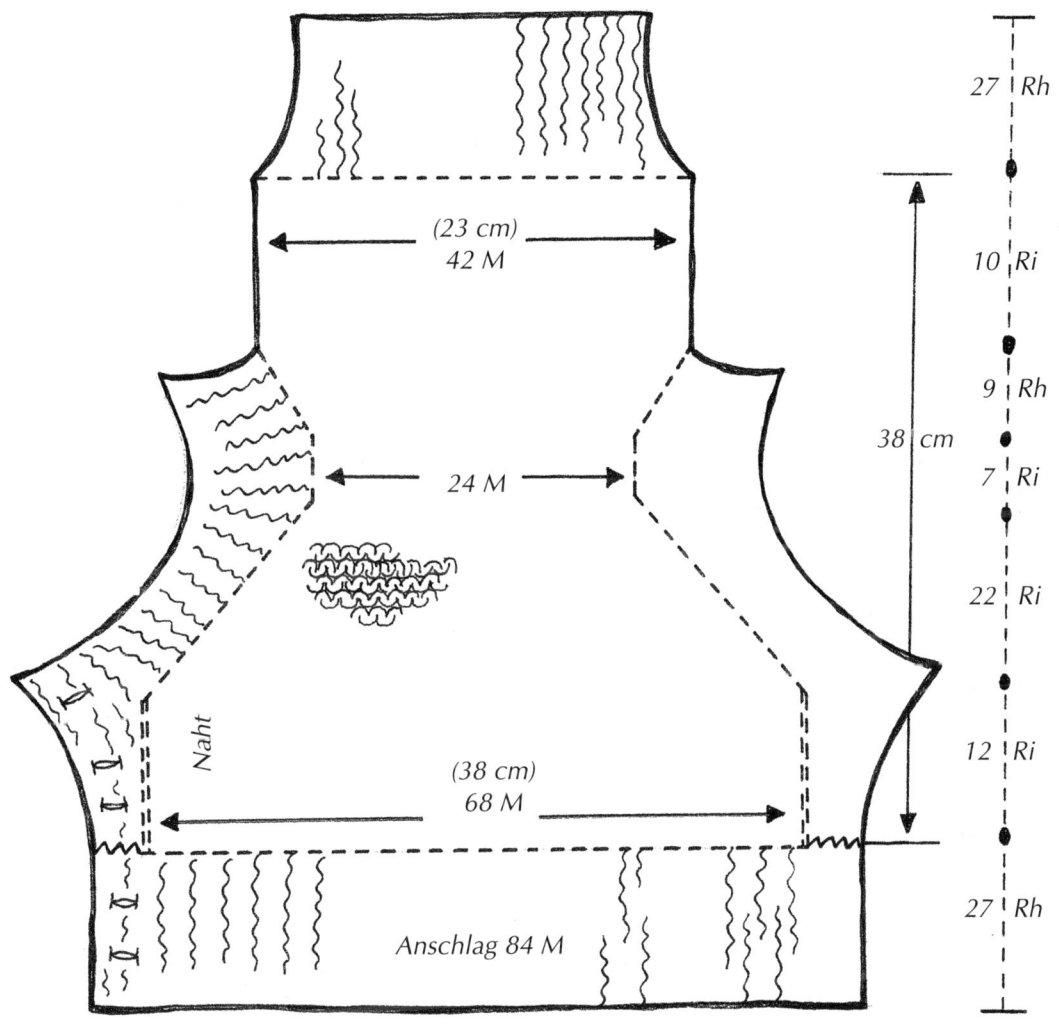

(23 cm)
42 M

24 M

27 | Rh

10 | Ri

9 | Rh

7 | Ri

22 | Ri

12 | Ri

27 | Rh

38 cm

Naht

(38 cm)
68 M

Anschlag 84 M

Schnitt Woll-Windelhose

51

und Nadelstärke 3. Mascheneinteilung: 1 Randmasche, (20 mal 2 M rechts, 2 M links), 2 M rechts), 1 Randmasche. 27 Reihen stricken (ca. 8 cm). Dabei nach jeweils 8 Reihen rechts und links vom Rand über die 4., 5. und 6. Masche ein Knopfloch einarbeiten.

Dann beiderseits 9 M auf eine Hilfsnadel nehmen und im Weiterstricken mit Nadelstärke 5 und doppeltem Faden für das Hosenteil rechts und links 1 M zunehmen.

Im Muster kraus 12 Rippen (8 cm) arbeiten. Dann beiderseits für die Beinschräge bei jedem Reihenende 1 M abnehmen, bis nach weiteren 22 Rippen noch 24 M übrig bleiben. 7 Rippen gerade weiterstricken. Nun für die Beinschräge beiderseits 9 mal nach jeder Reihe 1 M zunehmen. Mit nunmehr 42 M 10 Rippen stricken. Nach insgesamt 60 Rippen für das Hosenteil die Maschen wieder auf Nadelstärke 3 nehmen und im Muster 2 M rechts, 2 M links mit einfachem Faden 27 Reihen stricken. Mit doppeltem Faden locker abketten.

Jetzt die 9 M von der Hilfsnadel nehmen und mit Nadelstärke 3 und einfachem Faden im Muster 2 M rechts, 2 M links weiterstricken. Nach 13 Reihen ein Knopfloch, nach 8 Reihen ein weiteres einarbeiten. Weiterstricken bis die Länge von 8 cm der ersten 12 Rippen erreicht ist. Dann zusätzlich über die Beinschräge verteilt 39 Maschen aufnehmen und als Beinabschluß im Muster 2 M rechts, 2 M links noch 5 cm (ca. 16 Reihen) weiterstricken. Dabei seitlich ein fünftes Knopfloch (13 Reihen nach dem vorhergehenden) einarbeiten. Mit doppeltem Faden locker abketten. Die Maschen der anderen Hilfsnadel gegengleich fertigstricken.

Entsprechend der Knopflochverteilung müssen Knöpfe (Wäscheknöpfe oder flache Perlmuttknöpfe) aufgenäht werden. Anstelle der Knopfleiste kann ein Klettverschluß angebracht werden.

Feuchte Wollhosen werden an der Luft getrocknet, nicht in praller Sonne und auch nicht auf der Heizung. Das natürliche Material regeneriert sich immer wieder an der frischen Luft. Auch bei längerem Gebrauch stinken gute Woll-Windelhosen nicht. Durch die Selbstreinigungskräfte des Materials finden Keime und Pilze in ihm keinen Nährboden. Nur wenn die Windelhose angeschmutzt ist, wird sie in einer milden Waschmittellösung von Hand ausgewaschen. Anschließend empfiehlt es sich, die Wolle mit einer sogenannten «Wollkur» zur Rückfettung zu behandeln.

Ein kleiner Fleck in der Windelhose läßt sich leicht von Hand ausspülen, deshalb muß sie nicht gleich in die Waschlauge.

Windelwäsche

Die Windelwäsche muß kein Problem sein. Auch die sehr strapazierten Baumwollwindeln werden gar nicht erst zu einer stinkenden Belastung, der man sich nur ungern entledigt, wenn man in die Mullwindel zusätzlich eine hautschonende und leicht auszuwaschende Bourretteseideneinlage legt oder einen Streifen von einer einfachen Zellstoffvlies-Einlage, die weder antibakteriell noch geruchshemmend ausgerüstet ist. Diese Windeleinlage läßt sich problemlos in der Toilette entsorgen, während die nassen Windeln in klarem Wasser ausgespült und Flecken mit Gallseife ausgewaschen werden. So vorbehandelt hängt man die Windeln zum Trocknen an die Luft, wodurch sie bereits einen frischen Geruch bekommen. Bis zum Waschtag kann man sie dann mit der übrigen Haushaltswäsche aufbewahren. Auf diese Weise erspart man sich den ständig «duftenden» Windeleimer. Der Aufwand ist gering, es ist nur ein Handgriff im Anschluß an die Wickelprozedur. Das ist praktikabel und hat sich bewährt.

Die Wiege und das Kinderbett

Die Wiege, von liebevoller Hand vorbereitet, ist der erste Erdenort, der das kleine Geschöpf aufnimmt. Sie hat eine feste Matratze aus Kokosfaser, Roßhaar oder Kapok, also eine Naturfasermatratze, keinesfalls einen Schaumstoffblock. Überzogen ist sie mit einem kräftigen Baumwollstoff. Wenn später das Kinderbett an die Stelle des Körbchens tritt, dann ist es nach den gleichen Gesichtspunkten ausgestattet.

Die Wiege hat einen Himmel, der das helle Licht des Tages dämpft und in eine warme Atmosphäre verwandelt. Kombiniert man eine hellblaue und eine rosafarbene Seide, oder Batist, so entsteht ein feines pfirsichblütfarbenes Licht um das Kind in der Wiege, das einen rosigen Schein auf seine Wangen wirft. Die Wiegenbespannung kann ebenfalls rosa sein, oder weiß wie die Bettwäsche (vgl. dazu auch die Abschnitte: «Das Element der Farbe und das Kind» und «Muster und Motive»).

Das erste Kopfkissen macht man am besten selbst in der Größe von ca. 22 x 18 cm. Es hat eine Hirsefüllung, in die man mit der Faust eine Grube für das Köpfchen macht. Durch diese Art der Lagerung bildet sich eine schöne Kopfform aus. Das Kissen selbst kann aus einem kräftigen Baumwollstoff mit einer engen Nähsticheinstel- 53 lung gearbeitet werden, damit kein Hirsekörnchen durch die Naht schlüpfen kann. Es darf nicht zu prall gefüllt sein, damit man es für das Köpfchen formen kann. Darüber bekommt es einen weißen Seidenbezug oder Bourreteseidenbezug, der als Kuvert gearbeitet ist, denn Knöpfe gehören wegen der Gefahr des Verschluckens nicht in Griffnähe des Babies. Man näht sich am besten gleich einen kleinen Vorrat von 5 bis 6 Kissenbezügen, weil sie öfter gewechselt werden müssen. Die Hirse als ein kieselhaltiges Getreide hat einen besonders günstigen Einfluß auf die Entwicklung des Kindes. Im ersten Jahrsiebent arbeitet das Kind vor allem mit Sonnenkräften an der Ausgestaltung seines Gehirns und der übrigen Organe. Das Hirsekissen mit einem Seidenbezug wirkt dabei unterstützend mit. Es darf nicht zu stramm gefüllt sein, damit sich die Grube für das Köpfchen bilden kann.

Wenn das Kind größer ist, bekommt es ein kleines Roßhaarkissen oder ein Kissen, das mit Schafwolle gefüllt ist.

Zum Zudecken eignet sich am besten eine mit Schafwolle gefüllte Steppdecke mit einem Woll- oder Baumwollbezug. Eingehüllt in Wolle fühlt sich das Kind wohlig und warm und hat vor allen Dingen einen ruhigen Schlaf.

Federbetten verbreiten dagegen kein günstiges Schlafklima, weil die Federn zu stark hitzen. Die vergleichsweise viel kleineren Vogeltiere mit ihren dünnen Beinchen haben eine viel höhere Körpertemperatur als der Mensch, und ihr Federkleid, das den Vogelbedürfnissen angepaßt ist, vermittelt als Federbett oder Daunendecke eine ganz andere, viel intensivere Wärmequalität.

Wenn das Kind später in einem dicken, mit Schafwolle gefüllten und abgesteppten Schlafsack steckt, erübrigt sich bei warmer Witterung die Bettdecke. Und im Winter reicht meistens schon eine zusätzliche Wolldecke.

Wie liegt der Säugling in der Wiege? Der Wunsch, es immer besser, moderner und einfach anders zu machen hat in unserer Zeit, in der ungeprüft und gedankenlos jeder Trend aufgegriffen wird, auch auf diesem Gebiet schon Schaden gestiftet. Es ist ein grober Unfug, die Kinder immer auf den Bauch zu legen. Die Folge davon ist, daß es zu Deformationen an den Füßen kommt, sich sogenannte «Entenfüße» bilden und auch die Hüftentwicklung beeinträchtigt ist. Das kindliche Skelett ist noch so weich und biegsam, daß es dieser einseitigen Körperhaltung nachgibt. – Eine andere Möglichkeit wäre die Rückenlage, sie ist für den Säugling strikt verboten. Viele Säuglinge spucken noch eine Zeitlang nach der Nahrungsaufnahme. Wenn das nicht abfließen kann, kann das Kind daran ersticken. – Bleibt die

Seitenlage, und die hat sich durch die Jahre immer bewährt. Wenn sich eines Tages das Kind aus eigener Kraft auf den Rücken legt, dann ist auch die Spuckgefahr nicht mehr so groß. Doch auch die Seitenlage darf nicht im wahrsten Sinne des Wortes einseitig werden. Mit jedem Füttern und Wickeln wechselt man die Liegeseite, damit sich auch in diesem Falle keine Deformationen bilden. Natürlich kann das Kind zwischendurch auch mal auf dem Bauch liegen, besonders sobald es die Kraft in den Armen hat, sich aufzustützen. Das macht dann viel Spaß. Wichtig ist also, daß man jegliche Art von längerer, einseitiger Körperbelastung vermeidet.

Das *Schaffell* ist im Säuglingsalter etwas sehr hilfreiches, vor allem bei zarten Kindern und Kindern mit Untergewicht. Erfahrungsgemäß entwickeln sie sich auf einer Schaffellunterlage besser und nehmen rascher zu. Doch nicht jedes Fell ist dafür geeignet. Schonend gegerbte Schaffelle sind in jedem Fall für das Kinderbett besser als chromgegerbte Felle .«Medizinische Felle» haben meistens eine antibakterielle und geruchshemmende Ausrüstung, die sich ungünstig auf die Kinderhaut auswirkt. In manchen bäuerlichen Betrieben kann man auch heute noch Schaffelle bekommen, die auf herkömmliche Weise gegerbt worden sind, danach muß man aber besonders fragen[12].

Was dem Baby gut tut, ist in diesem Fall auch für größere Kinder geeignet, auch sie kuscheln sich gerne in ein wollig-warmes Fell.

Das Tragetuch

Das große bunte Tragetuch ist aus Südamerika nach Europa gekommen und mit ihm der Brauch der einfachen Indiobevölkerung, in diesem Tuch die Kinder zu tragen. Die ersten sechs Monate verbringt der Säugling allerdings sicher verwahrt und gut gewickelt in einer oft kunstvoll bestickten Trage auf dem Rücken der Mutter bei allen ihren Wegen und der Feldarbeit. Erst dann darf er diese feste Schutz- und Wärmehülle verlassen und begleitet nun im Tragetuch die Mutter. Einer uralten Tradition und ihrem gesunden Instinkt folgend sorgt sie dafür, daß das Kind in den ersten Lebensmonaten im der festen Trage eine sichere Stütze und Halt bekommt, bis es aus eigener Kraft das Köpfchen halten kann.

In Europa weiß man wenig von indianischen Lebensgewohnheiten und Traditionen. Man gebraucht das schöne Tragetuch auf seine Weise. Leider entspricht das nicht immer den Bedürfnissen eines Säuglings, denn die europäischen Babys werden in den ersten Monaten nicht so

fest gewickelt wie die kleinen Indios. Die Folge ist, daß das zarte Geschöpf in einer unglücklichen Haltung vor dem Bauch der Mutter hängt, was seiner körperlichen Entwicklung sehr schadet, worauf auch von ärztlicher Seite hingewiesen wird: «Bis zum 5. bis 6. Lebensmonat darf die Säuglingswirbelsäule nicht belastet werden. – Dann beginnt die Aufrichtekraft von innen zu wirken. Erst jetzt darf ein Säugling in das Sofakissen gesetzt werden – ist ein pädiatrischer Leitsatz.»[22] Nach dem sechsten Monat kann das Tragetuch für Mutter und Kind zu einem schönen gemeinsamen Erlebnis werden. Auf dem Spaziergang übernimmt auch der Vater gerne die kleine Last. Dieses, in mancher Hinsicht günstige Transportmittel sollte aber nicht dazu verleiten, die Kinder auf einen Einkaufsbummel in belebte Geschäftszentren oder Kaufhäuser mitzunehmen. Auf allen Wegen mit dem Kind im Tragetuch ist je nach der Jahreszeit das Köpfchen mit einem Sonnenhut, einem Tüchlein oder einer warmen Mütze geschützt. In dieser Weise «gut behütet» läßt sich ein schöner Spaziergang machen, bei dem das Tuch im gleichmäßigen Rhythmus des Schreitens schwingt. Dieses rhythmische Schwingen behagt den Kleinen, sie schlafen oftmals dabei ein, und es tut ihnen besser als das beständige harte Rütteln eines Buggy.

Tragetuch

Eine genaue Anweisung für die Einsatzmöglichkeiten des Tragetuches, und wie man es binden muß, erhält man beim Kauf des Tuches.

Die Babykleidung

Hemd, das Wort hat seine Wurzel im Althochdeutschen (homa, hemi), aus dem auch der Begriff «Hülle» hervorgegangen ist. In den ersten Jahren der Kindheit und Jugend, in denen die Willens- und die Ich-Kräfte zur Entfaltung drängen, braucht das Kind einen gleichmäßigen Wärmeschutz. Hüllenlosigkeit und mangelnde Wärme führen auf die Dauer dazu, daß die Abwehr- und Schutzkräfte des Leibes und auch der Seele fehlen. Diese Schutzfunktion übernimmt das Hemd.

Die erste hautnahe Hülle ist das Babyhemd, dem damit eine besondere Rolle zukommt. Es ist aus einer hautfreundlichen, weichen Wolle gestrickt. Wickelhemdchen mit langen Ärmeln, die auf dem Rücken mit einem Bändchen geschlossen werden, sind für das Neugeborene die geeignete Form, weil sie sich problemlos anziehen lassen und im Sommer wie im Winter wirklich rundum Hülle sind. Die Wolle mit ihren erwähnten guten Eigenschaften verhindert, daß das Kind, auch wenn es etwas schwitzt, in nasser Kleidung liegt und sich erkältet. Viele Erkältungen im Säuglingsalter sind die Folge von falscher Kleidung. Das Wollhemd vermittelt Geborgenheit und stärkt die Lebenskräfte. In dieser Hülle fühlen sich die Kinder wohl und gedeihen gut. Sie vertragen in der Regel die feine Wolle auf der Haut, und man sollte sich davor hüten, eigene Überempfindlichkeiten von vornherein auf sein Kind zu projizieren. Sollte sich aber zeigen, daß die Kinderhaut mit Rötung und anderen Reizerscheinungen reagiert, so kann vielleicht eine Wolle-Seidenmischung oder ein Seidenhemdchen Abhilfe schaffen. Nur in seltenen Fällen besteht eine ausgesprochene Eiweißallergie, dann muß auf der bloßen Haut ganz auf tierische Fasern verzichtet und die notwendige Wärmehülle dadurch geschaffen werden, daß die Wolljacke über ein langärmeliges Baumwoll-Shirt oder eine Bluse gezogen wird.

Für etwas größere Kinder gibt es Hemden aus verschiedenen Naturfasern, die sich über den Kopf ziehen lassen und Hemdhosen, die zugleich das Windelpaket halten. Lange Hemdformen schützen die empfindliche Nierengegend besser als kurze Hemden, und die Hemdhosen, die nicht hochrutschen können, erfüllen den gleichen Zweck. In den ersten drei Jahren ist das feine Wollhemd die beste Hülle für das Kind und der Baumwollwäsche vorzuziehen. In unserem

Klima sollte auch für größere Kinder die meiste Zeit des Jahres «Wollhemdzeit» sein. Ob mit langem oder mit kurzem Arm, die richtige Wahl des Hemdes richtet sich nach dem Thermometer.

Wäschewechsel bedeutet einen Kräfte- und Wärmeverlust für das Kind. Die sauberen Windeln und Hemdchen werden darum vorsorglich für den nächsten Wäschewechsel zusammen mit dem Kind im Anschluß an die Mahlzeit in die Wiege gelegt und auf diese Weise bereits in die Atmosphäre des Kindes einbezogen. Zum Wechseln der Windeln oder vor einem Bad wird die saubere Wäsche auf einer Wärmflasche vorgewärmt, um jeden Wärmeverlust beim Säugling zu vermeiden. Auch braucht das Babyhemd nicht jeden Morgen gewechselt zu werden, ein feuchter Hemdenzipfel ist noch kein Grund dafür. Nur ein wirklich angeschmutztes Hemd wird gewechselt und später in einem milden Wollwaschmittel von Hand gewaschen.

Das Häubchen schützt den Kopf des Neugeborenen mit den noch offenen Fontanellen davor, daß ihm zu viel Feuchtigkeit und Wärme entzogen wird. In den ersten Lebenswochen ist es ein wichtiges Kleidungsstück, das das Kind Tag und Nacht begleitet. Es gibt Häubchen aus Seide oder einer feinen Wolle. Die richtige Wahl fällt dabei nicht leicht. Soll es das sonnendurchwirkte Seidenmaterial sein, in das Form- und Gestaltungskräfte eingefangen sind, oder die sowohl der Entwicklung des Kindes als auch der Kinderhaut so nahestehende Wolle? Beide Materialien kommen aus einem lebendigen Naturzusammenhang und sind als wärmende, bewahrende und die Lebenskräfte fördernde Kleidung geeignet.

Die Babymütze. Das Kind verläßt das Haus nicht ohne seine Kopfbedeckung, die Babymütze. Sie ist aus Wolle, schützt die Ohren und läßt sich unter dem Kinn binden. Sie kann bei Ausfahrten fast das ganze Jahr über getragen werden. Nur zur Sommerzeit übernimmt diese Rolle das Häubchen und später auch ein Sonnenhut oder ein Kopftüchlein. Ein guter Sonnenschutz für den Kopf ist wichtig für die Kinder und wird in Zukunft wegen erhöhter UV-Strahlenbelastung immer wichtiger werden.

Das Sonnenschirmchen am Kinderwagen muß jetzt auch aus dichtem Naturfaserstoff (Baumwolle) sein, denn Polyester-Schirmchen lassen die gefährlichen Strahlungen unerkannt durchgehen.

Der Pullover und das Ausfahrjäckchen sind der Witterung entsprechend aus Wolle, Baumwolle oder Seide. Für den Winter sind Jäckchen mit angeschnittener Kapuze eine warme Hülle. Unter der Kapuze schützt noch ein Strickmützchen die Ohren. Knöpfe, die das Kind erreichen kann, sind vorläufig noch eine Gefahr, weil sie verschluckt werden können. Leichte Jäckchen werden mit einem Bändchen geschlossen, die dicke Winterjacke hat einen Reißverschluß.

Die Strampelhose löst allmählich, zunächst nur tagsüber, das Wickeltuch ab. Nachdem sich die Händchen schon eifrig im Greifen geübt haben, sind jetzt auch die Beinchen schon sehr tätig, denn Bewegung ist ein Urbedürfnis des Menschen. Das hat schließlich dieser ersten Hose auch ihren Namen gegeben.

Der Strampelsack, gestrickt oder genäht, selbst gemacht oder käuflich erworben, ist recht vielseitig einsetzbar. Bei warmer Witterung macht er die Zudecke überflüssig. Ist es aber kalt, so steckt das Kind immer in seiner Wärmehülle, auch wenn man es einmal aufnehmen muß.

Der Schlafsack in verschiedenen Größen ist im Prinzip wie ein Strampelsack, nur aus einem dicken Steppstoff gearbeitet. In ihm kann sich das Kind nicht freistrampeln, und die Gefahr, daß es sich die Decke über den Kopf zieht, ist gebannt, denn es hat meistens schon in seinem Schlafsack die nötige Bettwärme. Nur im Winter gibt es zusätzlich eine Wolldecke oder die Schafwoll-Steppdecke.

Gute, mit Schafwolle gefüllte Schlafsäcke, die sich allerdings in der Regel nicht waschen lassen, haben etwas gedeckte Farben. Sie werden durch Lüften immer wieder regeneriert.

Das erste Kleidchen ist den Proportionen des Kindes, das seine ersten Schrittchen macht, angepaßt. Es ist ein Hängerchen, das sich mit einem Blüschen, einem Pullover oder einfach nur mit einem langärmeligem Wollhemd je nach der Jahreszeit zu einer angemessenen Kleidung vervollständigen läßt. Auf der Schulter wird es geknöpft oder gebunden, und für die Zwei- und Dreijährigen muß es vorne auch eine schöne, große Tasche haben, in die man etwas reinstekken kann. Wichtig ist, wenn das Kind das erste Kleid bekommt, daß es auch eine Strumpfhose anhat. Sie ist meistens aus Wolle, im Sommer kann sie auch mal aus Baumwolle sein. Die Strumpfhose ist die notwendige Ergänzung zum Kleidchen. Das Hängerchen engt das Kind nicht ein, es läßt ihm seine Bewegungsfreiheit. So darf auch die Strumpfhose mit ihrem Gummiband den Leib nicht einschnüren und damit die inneren Organe in ihrer Entwicklung behindern.

Das erste Kleidchen

Die erste Hose für das Krabbelalter kann eine weite Pumphose sein, die mit einer kleinen Passe und Trägern gearbeitet ist. Später braucht das Kind aber eine richtige Rutsch-Hose aus einem kräftigen Baumwollstoff, weil es in der Regel auf dem Boden spielt. Das ist eine Latzhose mit Trägern, die natürlich auch Taschen haben muß. Zum Aus- und Anziehen ist es besonders praktisch, wenn die Hose vom Latz bis fast zum Schritt mit einem Reißverschluß geöffnet werden kann. Unter dieser Hose lassen sich alle alten Strumpfhosen auftragen. Damit ist das Kind, auch wenn es kühl ist, immer gut angezogen.

Die ersten Schuhe sind nicht nur ein Schutz für die Füße, sie haben auch einen nicht geringen Anteil an einer gesunden Fußentwicklung. Der Fuß des Babys ist flach wie ein Brett. Erst wenn sich das Kind auf die Beine stellt, was es immer aus eigener Kraft tun sollte, beginnt die Fußentwicklung, und es entsteht durch die Belastung das Fußgewölbe. Diesen Prozeß dürfen die Schuhe nicht behindern. Der Fuß muß aus eigener Kraft die richtige Form ausbilden. Gezielte Fußübungen unter fachlicher Anleitung können dabei, wenn erforderlich, Hilfe leisten. Einlagen sind eine passive Maßnahme und können nur wie Krücken das Laufen erleichtern. Sie sind nur auf ärztlichen Rat hin in besonderen Fällen anzuraten. Barfuß laufen im Sommer auf dem Rasen oder an einem Sandstrand und im Haus auf einfachen warmen Socken laufen, das ist gut für die ersten Schritte und kräftigt die Fußmuskulatur. Es muß dabei jedoch gewährleistet sein, daß das Kind nicht rutscht.

Beim Kauf der ersten Schuhe muß erst einmal die Fußlänge festgestellt werden. Bei der Anprobe wird der neue Schuh weit aufgeschnürt, weil das Kind zunächst die Zehen instinktiv ankrallt. Der Schuh muß gut passen und im Laufe der Zeit immer wieder auf seine Größe hin überprüft werden. Er darf den Fuß nicht einengen. Näheres unter: *Die Schuhe* im Kapitel «Die Bekleidung im Kindergartenalter», S. 70.

Die Kleidung im Kindergartenalter

Alle Naturfasern, die als «Material» von Fachleuten nach technisch-wissenschaftlichen Richtlinien geprüft und begutachtet werden, geben ihr Geheimnis doch nur preis, wenn man sie im lebendigen Naturzusammenhang betrachtet. Darum gehören Kinder und schöne Naturmaterialien zusammen. Synthetische Fasern bleiben trotz aller Veredelungs- und Verbesserungsbemühungen ein totes Material und sind deshalb für den werdenden Menschen in

61

seiner Wachstums- und Entwicklungsphase ungeeignet. Gute Kinderkleidung besteht aus *naturbelassenen* Naturfasern oder einem Naturfasergemisch.

Jeder Färbeprozess ist bereits ein Eingriff mit chemischen Mitteln, auch wenn man dabei mit pflanzlichen Farbstoffen umgeht. Unterwäsche, die direkt auf der Haut aufliegt, sowie Wiegen- und Bettwäsche sind deshalb ungefärbt und möglichst auch ungebleicht. Man kann aber wiederum nicht ganz auf das farbige Element verzichten. Die Kinder brauchen Farben, sie leben mit ihrer Phantasie und den aufkeimenden Seelenkräften ganz im Farbigen. Darum wählt man für die Oberbekleidung schonend gefärbte Web- und Strickerzeugnisse. Green Cotton-Produkte aus unbehandeltem, nicht chemisch ausgerüstetem Baumwolljersey sind beispielsweise in einem geschlossenen Jet-System, das heißt ohne die Umwelt belastende Rückstände gefärbt.

Größere Kinder lieben kräftige Farben, ein warmes Rot, ein schönes Blau, Pink oder Gelb, jedoch keine grellen Schockfarben.

Das Unterhemd ist auch jetzt ein Träger- oder Ärmelhemd aus einer feinen Wolle, einem Wolle-Seidengemisch oder aus Baumwolle. Je größer die Kinder werden und sich beim Herum-

springen und Spielen bewegen, um so mehr besteht die Gefahr, daß mit den oberen Kleidungsstücken auch das Hemd nach oben rutscht. Dadurch ist die Körpermitte ungeschützt jedem kalten Luftzug ausgesetzt. Ein Hemd, das lang genug ist und eine sorgfältig zusammengestellte Kleidung können verhindern, daß solche freien Stellen entstehen. In unserer Kleidung offenbart sich ein Stück unserer Kulturgeschichte. Das Hemd nimmt darin eine zentrale Stellung ein. Als schützende Umhüllung läßt es sich nicht ungestraft in ein Oben und Unten zergliedern, noch kann man es einfach weglassen. In der Bekleidungswissenschaft ist heute der Fachausdruck «Zwiebelschalensystem» üblich für das Übereinanderziehen mehrerer Kleidungsstücke. Nicht nur die Textilien, auch die dazwischenliegenden Luftschichten tragen dazu bei, daß die Körperwärme nicht verströmt. Ein Pullover, auf der bloßen Haut getragen, ist darum noch keine sinnvolle Bekleidung.

Beim Wechseln des Hemds und der Kleider wie auch der Bettwäsche erleben zarte Kinder noch viele Jahre lang einen spürbaren Kräfteverlust, und sie reagieren nicht selten mit heftiger Ablehnung. Im diesem Fall ist das keine Ungezogenheit, sondern eine verständliche Abwehrreaktion. Solche spontanen Gefühlsäuße-

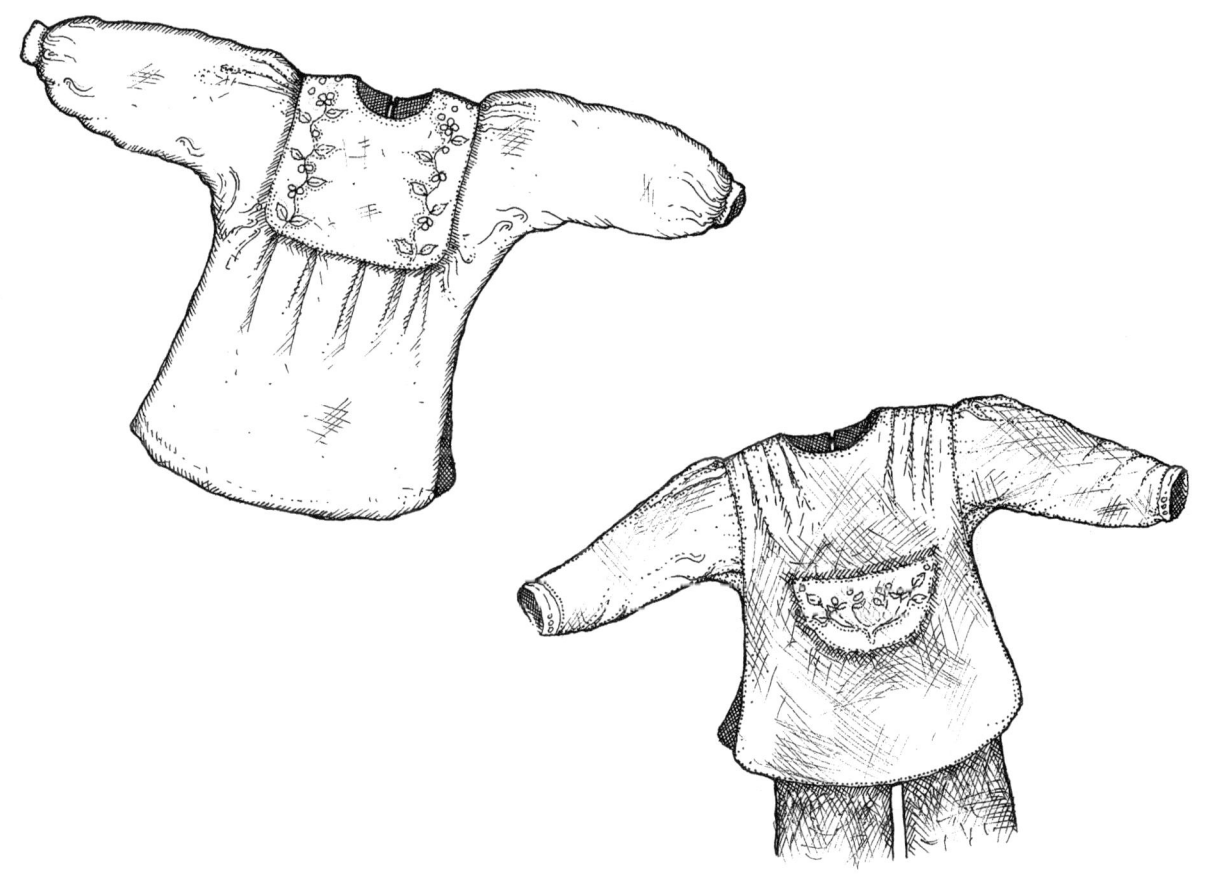

Kindergartenkittelchen mit bestickter Passe　　　*Kasack, Kittelchen zur Hose mit bestickter Tasche*　63

rungen zum Beispiel vor dem Schlafengehen müssen ernst genommen werden.

Vor dem nächsten Waschtag spricht man mit dem Kind über den bevorstehenden Wäschewechsel und darüber, daß man ihm für die Nacht die frische Wäsche zum «Anwärmen» ins Bett ans Fußende legt. Dann hat die Unterwäsche oder das neue Bettzeug schon etwas von der Atmosphäre des Kindes aufgenommen, und das Kind hat die Möglichkeit, sich mit den sauberen Sachen anzufreunden. Mit diesem kleinen Handgriff hilft man ihm über Nervosität und Unsicherheit hinweg und stärkt seine Lebenskräfte.

Der Kasack, der Kittel, das Hemd oder T-Shirt werden von Buben wie Mädchen zu Hosen getragen. Ein Kittel oder Kasack in einer für das Kind geeigneten Farbe ist besonders hübsch, wenn man ihn am Ärmelbündchen, auf den Schultern oder am Hals mit einer Stickerei verziert (vgl. Kapitel: Das Element der Farbe und das Kind, S. 73). Auch in diesem Alter spielt die Tasche eine große Rolle. Sie ziert das Kittelchen als Halbrund vorne in der Mitte und kann auch mit einer Stickerei geschmückt werden. Das T-Shirt ist einfarbig oder lustig geringelt, dabei kann auf figürliche Darstellungen verzichtet werden.

Der Pullover ist einfarbig oder in einer harmonischen Farbabstufung gemustert, aber ohne große Motive von verzerrten Tiergestalten oder Ähnlichem. Für den relativ großen Kopf des Kindes hat er einen Schlitz, entweder auf der Schulter, vorn oder am Rücken, den man mit Knöpfen oder einem Bändchen schließen kann.

Die Jacke aus Wolle oder Baumwolle ist immer gut als zusätzliche Hülle, in die das Kind im Bedarfsfall hineinschlüpfen kann und die auch wieder abgelegt werden kann. Der Brustbereich mit den Atmungsorganen braucht eine gewisse Freiheit und darf es nicht zu warm haben. Darum soll Kleidung nicht von vornherein zu warm eingerichtet sein, mehrere Hüllen übereinandergezogen lassen sich besser den Bedürfnissen anpassen. Farblich ist die Jacke ebenfalls harmonisch gestaltet oder auf den Pullover abgestimmt.

Die Hose ist ein wichtiges Kleidungsstück. Sie muß als Rutschhose, Spiel- und Tobehose und als Sandkastenhose so manches aushalten. Sie verdeckt dezent die gute, aber schon mehrfach geflickte Wollstrumpfhose und hält in der kalten Jahreszeit als Hose mit warmem Innenfutter auch die kleinen Mädchen von unten warm, denn alle Kinder spielen auch in diesem Alter noch gerne auf dem Boden.

Kinderhosen haben ihre eigenen Gesetze, denn bis weit über den Schuleintritt hinaus hat das Kind weder Taille noch Hüfte, die einer Hose erst den richtigen Sitz geben. Vorerst sind die Kinder noch wie kleine Tönnchen, an denen alles herunterrutscht. Da hilft kein noch so fest gezurrter Gürtel, der nur die inneren Organe in ihrer Entwicklung behindert und die Atmung erschwert. Eine richtige Kinderhose für dieses Alter ist in ihrem Schnitt den Körperverhältnissen angepaßt. Sie hat einen Latz mit Trägern, die sich auf dem Rücken kreuzen oder eine richtige Passe, die auf den Schultern geknöpft wird. Für den Kindergarten sollte die Hose so gestaltet sein, daß sich das Kind beim Gang auf die Toilette selbst helfen kann, das heißt, die Träger müssen vorn zum Knöpfen sein.

Arbeitsanleitung für eine Latzhose aus Wollgabardine[23]

Diese Hose werden Buben und Mädchen zwischen zwei und acht Jahren gern tragen. Auf Größenangaben wurde deshalb verzichtet. Bitte sorgfältig Maß nehmen und wiederholt an-

Latzhose aus Wollgabardine mit aufgesetzter, bestickter Tasche

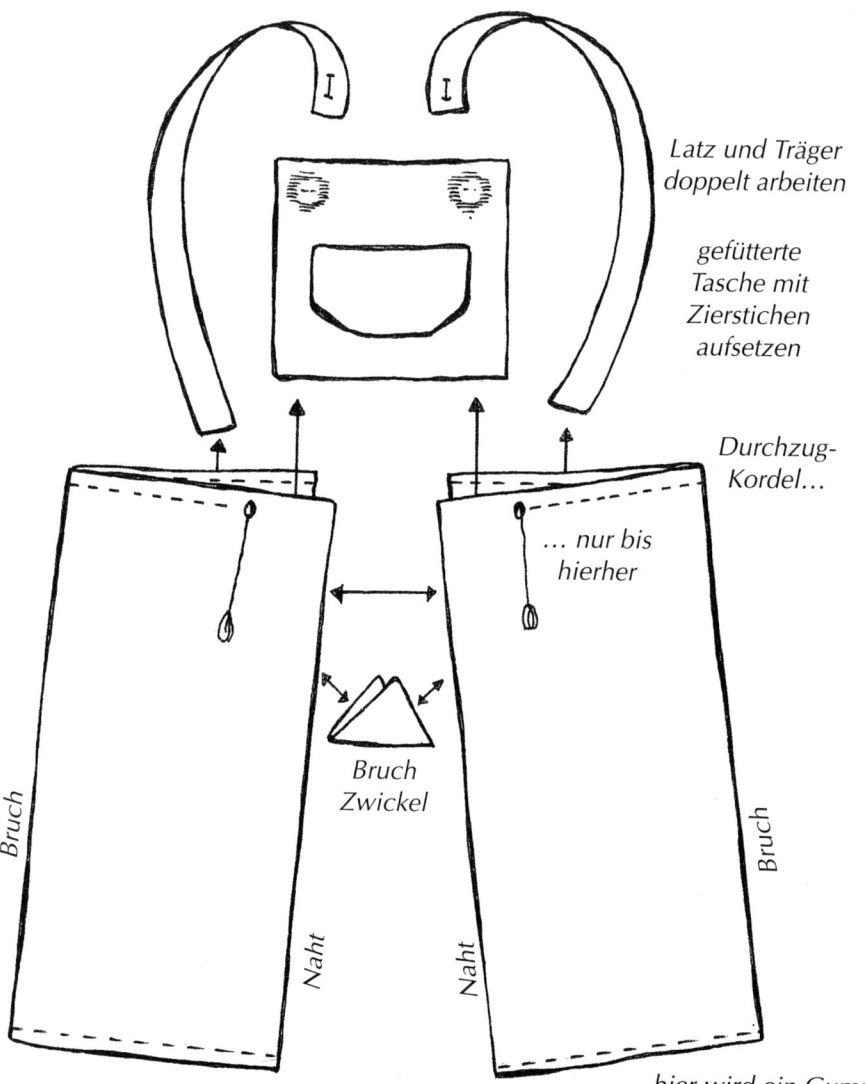

Latz und Träger
doppelt arbeiten

gefütterte
Tasche mit
Zierstichen
aufsetzen

Durchzug-
Kordel...

... nur bis
hierher

Bruch
Zwickel

Bruch

Naht

Naht

Bruch

hier wird ein Gummi
eingezogen

probieren. Schwieriges Zuschneiden entfällt, denn alle Teile sind gerade. Wer sicher gehen will, kann die Teile nach dem Maßnehmen aus Packpapier anfertigen.

Nach dem eigenen Empfinden fällt die Hose mehr oder weniger «pumpig» aus. Macht man sie allerdings zu weit, besteht die Gefahr, daß sich das Kind beim Spielen oder Treppenlaufen in den zu weiten Falten verfängt. Die Hose sollte jedoch in jedem Fall um die Leibesmitte herum schön großzügig sein. Die Weite läßt sich durch die durchgezogene Kordel regulieren. Gehalten wird die Hose allerdings durch den Latz. Die Kordel muß an den Punkten, an denen der Latz beginnt, wieder herausschlüpfen (damit wir den Latz beim Binden nicht kräuseln!).

Besondere Sorgfalt ist beim Einsetzen des Zwickels nötig (lieber zweimal messen). Sitzt der Zwickel z.B. zu hoch, zieht sich der Schritt nach innen, die Bewegungsfreiheit wird eingeschränkt, die Hose «kneift».

Die Weite der Hosenbeine wird unten durch einen Gummizug zusammengehalten.

Arbeitsschritte:
- Alle Teile ketteln
- Hosenbeinrechtecke falten (siehe Skizze)
- Zwickel ebenso falten
- Zwickelansatzpunkt bestimmen (beim Kind ausmessen)
- Hosenbeine – bis zum Zwickelansatzpunkt – zusammennähen
- Zwickel einheften und anschließend einnähen
- Tunnel- für die Durchzugschnur absteppen
- Die beiden Latzteile rechts auf rechts zusammensteppen, umkrempeln und an das vordere Hosenteil nähen.
- Benötigte Trägerlänge endgültig festlegen (Anprobe)
- Träger doppelt nähen, hinten annähen, vorn Knopflöcher einarbeiten
- Tasche füttern und aufsetzen, evtl. besticken
- Kordel einziehen, die «Ausschlupflöcher» mit Knopflochstichen umsticken.
- Anprobe, um die endgültige Hosenbeinlänge

zu bestimmen; die Länge großzügig berechnen, denn der Gummizug «schluckt» einiges. Der Gummizug darf an den Knöcheln keinesfalls einschnüren; er sollte diese möglichst gar nicht berühren.

Das Röckchen ist aus den eben genannten Gründen vorläufig noch lange ein Trägerröckchen oder ein Röckchen mit Passe. Dabei ist das «Darunter» besonders wichtig , das immer aus einem warmen Schlüpfer und einer Woll- oder Baumwollstrumpfhose besteht. Ein kleiner Slip und nackte Beinchen sind auch in der warmen Jahreszeit keine Lösung, denn der Unterleib braucht Wärme. Es gibt nur wenige Tage im Jahr, an denen man die Kinder auch von unten her luftig anziehen kann und sie barfuß gehen dürfen.

Das Kleid muß sich auch nach dem Körper und seinen Proportionen richten. Im ersten Jahrsiebt macht das Kind bereits eine erstaunliche Entwicklung durch. Das kleine Tönnchen der ersten zwei bis drei Jahre wächst heran und wandelt sich in ein schlankes Schulkind. Das Kindergartenkind hat ein Kleidchen mit einer schönen Passe, aber auch jetzt noch ohne Betonung der Taillenlinie. Das Röckchen fällt weit und locker über diesen Bereich. Wichtig ist, daß das Kind Bewe-

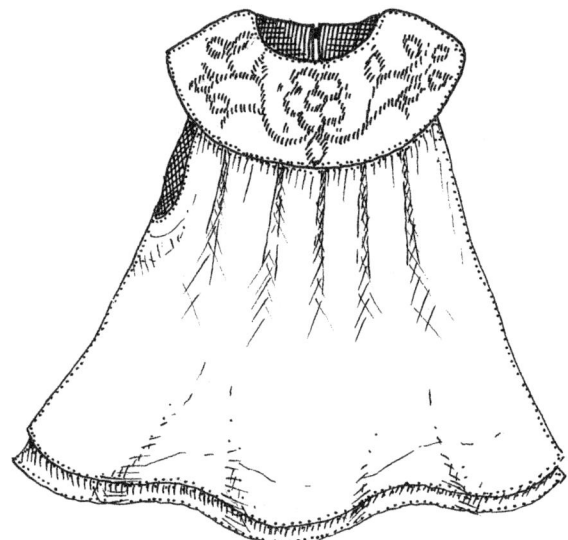

Kindergartenkleidchen mit bestickter Rundpasse

Kleidung richtet sich meistens nach ihrer farblichen Gestaltung. Das Kind fühlt sich wohl, wenn es schöne, harmonische Farbtöne um sich hat. Gemusterte Stoffe sollten dezent und nicht zu großflächig in ihrer Musterung sein.[24]

Die Form der Kleidung spricht in besonderer Weise den Bewegungssinn und das Lebensgefühl an. Die Kinder brauchen beide Erfahrungen: das Tanzen und man möchte fast sagen «Schweben» in einem weitschwingenden Gewand, die Freude an der Bewegung, die die Seele löst – sowie auch das Gefühl für die Grenzen des eigenen Körpers, das eine anliegende Kleidung vermittelt. Sie verkleiden sich gerne und schlüpfen dann in die Rolle des Königs, der Prinzessin oder eines Ritters. In solchen Augenblicken können sie mit ihrem ganzen Wesen bis in die Bewegungen und Gebärden hinein in dieser Rolle aufgehen.

Und andererseits bekommen Mädchen wie Buben, wenn sie in Jeans-Hosen herumtollen, ein ganz anderes Körpergefühl. Sie erwerben sich körperliche Geschicklichkeit im Klettern und Springen und dürfen sich in dieser einfachen Kleidung wirklich frei fühlen. Sie ist eine Möglichkeit, eigene Erfahrungen zu machen. Die andere Erlebniswelt, in der die Seele schwingen darf, sollte darüber aber nicht vergessen werden.

gungsfreiheit hat und seine Atmung nicht beeinträchtigt ist. Das einteilige Kleid ist wesentlich vorteilhafter als die Kombination von Rock und Pullover, weil es damit im ganzen bekleidet ist, während sich die zwei Teile – Rock und Pullover – beim Spielen auseinanderziehen. Das sieht nicht schön aus und der Rücken mit der empfindlichen Nierenpartie verkühlt sich.

Die Farben des Kleides sind jetzt ganz wichtig, denn Vorliebe oder Ablehnung bestimmter

Davon berichtet das Erlebnis mit einem kleinen Mädchen, das sogar dabeisein durfte, als der Kleiderstoff ausgewählt wurde, und das anschließend zusah, wie unter den Händen der Mutter für den Sommerurlaub ein zweiteiliges Strandkleid entstand. Damit hatte das Mädchen noch eine viel intimere Beziehung zu diesem neuen Kleid. Und so konnte man an einem schönen, sommerlichen Ferientag erleben, wie es das neue Röckchen, das vorne mit Knöpfen zusammengehalten war, nun wie einen Umhang über die Schultern legte und wie ein kleiner Schmetterling glücklich mit den Sonnenstrahlen über die Wiese und um die Büsche herum tanzte. Für das Kind war die Beschwingtheit seiner Bewegungen verbunden mit einem unglaublichen Glücksgefühl, und für die, die gerade dabei sein konnten, war es bewegend, das mitzuerleben und seine Freude teilen zu dürfen.

Festliche Kleidung für besondere Anlässe, den Sonntag, einen Besuch und immer, wenn es etwas zu feiern gibt, ist wichtig, sie gibt den Rahmen ab für schöne Stunden. Feste sind Nahrung für die Seele. Und die Seele des Kindes schwingt mit in freudiger Erwartung, wenn neben den allgemeinen Festvorbereitungen auch an ein festliches Kleid für das Kind gedacht worden ist. Es muß nicht, wie in früherer Zeit,

ein kostbares Gewand sein, das nicht schmutzig werden darf. Auch darf es der Mutter beim Waschen und Pflegen keine Probleme schaffen, und doch soll es sich durch seinen Schnitt und die frischen, freundlichen Farben von der alltäglichen Spielkleidung abheben. Auf diese zunächst so äußerlich erscheinende Weise ist das Kind einbezogen in den Rhythmus der Jahresfeste und der Feste im Familienkreis. Es darf erfahren, wie jedes Fest seine besondere Weihe hat und wie man es richtig begeht. Die Mädchen tragen ihr Festkleid, und die Buben haben einen besonders schönen Kittel oder eine schmucke Weste über dem Hemd.[24]

Die Beinbekleidung, und wenn man die Strumpfhose mit einbezieht, auch die Bekleidung des Unterleibs muß, wie erwähnt, eine warme Hülle sein. Durch kalte Füße, kalte Unter- und Oberschenkel und einen verkühlten Unterleib wird immer veranlagt, was später in Form von Erkältungskrankheiten im Kopf- und Brustbereich unangenehm in Erscheinung tritt oder zu den gefürchteten Nieren- und Blasenerkrankungen führt. Darum muß das Kind von unten warm gehalten werden. Noch ist es ein Spielkind, das viel auf dem Boden sitzt, draußen im Garten auch manchmal auf kalten Steinen. In dieser Zone sind die Wärmeverhältnisse ganz anders und lassen sich nicht vergleichen mit dem Wärmeerlebnis, das der Erwachsene in seiner Bekleidung hat. Darum ist es so wichtig, daß die Kinder dieser Altersstufe fast das ganze Jahr über eine Strumpfhose tragen.

Für die verschiedenen Jahreszeiten gibt es darum Strumpfhosen in unterschiedlicher Qualität (vergleiche «Fasermischungen», S. 41).

Ein leidiges Problem bei diesem stark strapazierten Kleidungsstück sind die verhältnismäßig schnell durchgescheuerten Füßlinge. Ein gestopfter Strumpf ist nicht mehr so schön, und wer möchte schon immer Strumpfhosen stopfen? Lange Hosen in den gleichen bewährten Mischfaserqualitäten, aber ohne Füßlinge sind in diesem Fall eine echte Alternative. An die Füße wird dabei eine leichter ersetzbare Socke gezogen.

Die oft liebevoll aus guter Wolle handgestrickten Kniestrümpfe wärmen zwar die Waden, aber die Oberschenkel und der Unterleib sind ungeschützt und bleiben kalt. Aus diesem Grund sind Kniestrümpfe keine richtige Bekleidung. Außerdem hindert das Gummiband unter dem Knie, das den Strumpf hält, die gesunde Durchblutung. Nur bei hochsommerlichen Temperaturen eignen sich Baumwoll- oder Wollsöckchen.

70   *Die Schuhe.* Ein ganzes Leben lang müssen die Füße den Menschen tragen, das können nur gesunde Füße leisten. Wirklich gute Kinderschuhe sind darum aus echtem Leder und haben eine elastische Sohle. Die Form ist, dem Kinderfuß angepaßt, vorne breit. Modische, spitze Mädchenschuhe deformieren den Fuß und haben Dauerschäden zur Folge. Preiswerte Schuhe mit synthetischem Obermaterial und Stiefel mit Synthetikplüsch-Futter begünstigen Schweißfüße und Fußpilz. Moonboots und ähnliche Modeschuhe verleiten dazu, den Fuß falsch aufzusetzen, sie verderben den Gang und damit auch den Fuß. Turnschuhe sind für den Sport konzipiert, sie sind keine Ganztags-Fußbekleidung. Ein Blick auf Kinderfüße in ihren Schuhen – man sieht sie täglich auf der Straße vor sich gehen, hüpfen, springen oder latschen – ist ein guter Sachkundeunterricht in Sachen Kinderschuhe.

Für die kalte Jahreszeit ist ein kräftiger Lederschuh mit einem Naturfaserfutter und gegebenenfalls noch einer warmen Wollsocke angebracht, in dem der Kinderfuß vor Nässe geschützt ist. Nur als Notlösung bei viel Regen und Schmelzwasser kann auch mal ein Gummistiefel helfen, der heute meistens aus Plastik ist und keine richtig warmen Füße aufkommen läßt. Es muß aber betont werden, daß solche Schuhe keine gute Fußbekleidung sind und im Haus sofort gewechselt werden müssen.

Die richtige Größe des Schuhs ist nicht immer leicht zu ermitteln. In den Kinderabteilungen der Schuhgeschäfte gibt es dafür Meßlatten mit verschiebbarer Fußbegrenzung, die recht zuverlässig die richtige Größe ermitteln helfen. Kinder klagen nicht über zu enge oder zu kurze Schuhe, weil die noch formbaren, elastischen Knochen nicht schmerzen. Eine einmal entstandene Deformation ist allerdings ein bleibender Schaden.

Die Kopfbedeckung ist ein Thema, das heute wichtiger ist denn je. Im Winter schützt die gute Wollmütze, die eine Passform hat, die auch über die Ohren geht, keinesfalls eine Dralonmütze. Aber auch in Übergangszeiten, wenn oft noch kalte Winde wehen, ist die Wollmütze unerläßlich. Ebenso wichtig wie die Mütze bei Kälte ist der Sonnenhut oder ein Kopftuch im Sommer. Noch herrschen zwar bei uns keine Verhältnisse wie in Neuseeland und Australien, wo die Menschen sich nur kurze Zeit ins Freie wagen, wo man Sonnenkappen mit Nackenschutz trägt und wo Hautkrebs und Augenleiden

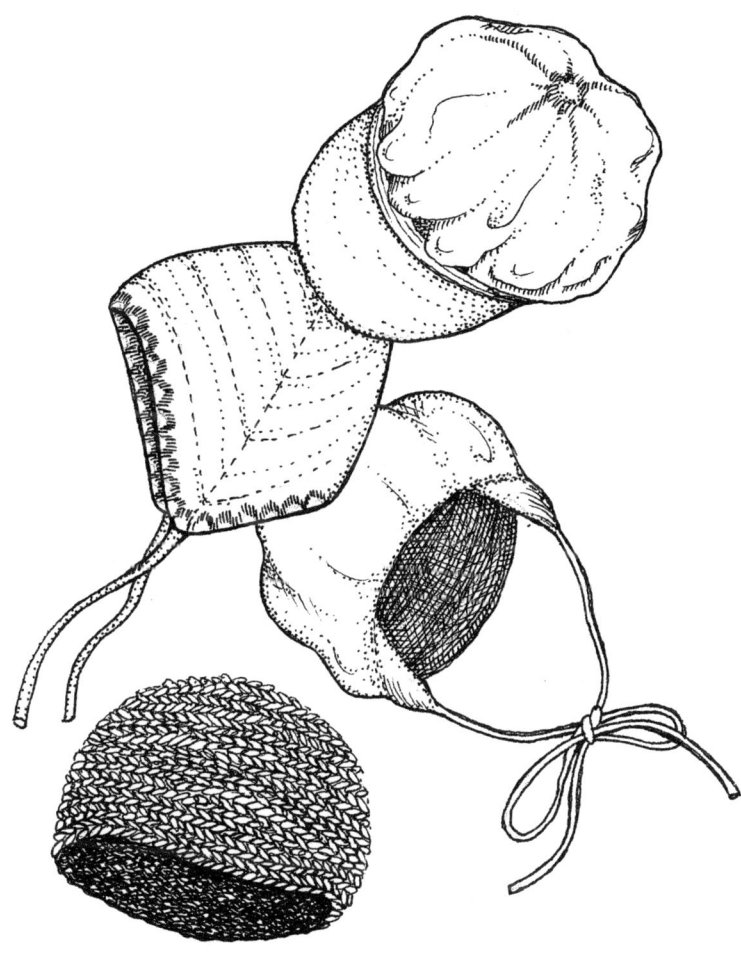

Kopfbedeckungen

71

rapide zunehmen. Dennoch ist auch hier wegen der zunehmend stärkeren Belastung durch ultraviolette Strahlen der Sonnenhut für Kinder unerläßlich. Aus diesem Grund muß auch das Material, aus dem der Sonnenhut besteht, sorgfältig geprüft werden, denn synthetische Textilien vermitteln zwar den Eindruck einer gewissen Lichtabschirmung, sie lassen aber die gefährlichen, für das Auge unsichtbaren UV-Strahlen durchgehen.

Die wichtige Erkenntnis, daß im ersten Jahrsiebt das Gesetz von Vorbild und Nachahmung gilt, kann in bezug auf den Umgang mit jahreszeitlich angemessenen Kopfbedeckungen in der ganzen Familie zu einer guten Gewohnheit führen, die allen Beteiligten dazu verhilft, den Winter besser zu überstehen.

Wintermantel – Parka – Anorak

Wenn im Herbst und Winter Kälte, Nässe und rauhe Witterung über das Land ziehen, muß die Bekleidungsfrage neu gestellt werden, denn bei der Wetterkleidung, dem Wintermantel und dem Parka hat sich in den letzten Jahren manches verändert. Gute Oberbekleidung aus edlen, natürlichen Materialien kann heute wieder das sein, was sie eigentlich immer sein sollte: eine schützende, warme Hülle, die ihren Träger nicht völlig von seinem Umfeld isoliert und damit auf sich selbst zurück wirft, sondern dem Kind wenn auch unbewußt, eine Empfindung dafür vermittelt, Teil des Ganzen zu sein.

Gewalkte Tuche aus Wolle für Mäntel und Janker und ein dichter Baumwollpopeline für den mit Woll-Webpelz gefütterten Parka, das sind Stoffe, die die Haut atmen lassen und beim Herumtollen überschüssige Wärme nicht stauen. In solcher natürlichen Oberbekleidung fühlen sich die Kinder rundum wohl, darum ist sie den modernen Textilkonstruktionen aus einem Microfaserstoff mit einer feinporigen Membran als Zwischenschicht wegen ihrer mehr oder weniger einseitigen Funktionen immer vorzuziehen.

Die Nachtwäsche

Manchmal wundert man sich wirklich, daß gewissenhaft und gut bekleidete Kinder doch auch öfter erkältet sind. Wo holen sie sich den Schnupfen und Husten? Es gibt im Tagesablauf immer wieder gewisse Schwachstellen, die auch die beste Mutter nicht im Griff hat. Dazu gehören besonders die frühen Morgenstunden.

Einteiliger Schlafoverall

Während alles noch schläft, krabbelt so ein kleiner Wicht schnell aus dem Bett, weil dort in der Ecke die Spielkiste lockt und sitzt dann vielleicht eine ganze Stunde auf dem Boden und spielt. Alle Mahnungen und die warmen Hausschuhe unter dem Bett sind vergessen, und auch der Rücken ist nur halb bedeckt, weil die Schlafanzugjacke nach oben gerutscht ist. Das Kind hat sich verkühlt, aber es spürt die Kälte nicht. Kinder sind unberechenbar, darum muß man für solche Fälle vorsorgen. Wenn das Kind nicht mehr wohl verwahrt in seinem Schlafsack steckt, dann ist aus diesem Grund dem zweiteiligen Schlafanzug eine einteilige Kombination vorzuziehen, möglichst mit Füßlingen. Andernfalls werden zusätzlich abends Strümpfe angezogen. Das Angebot an guter Nachtwäsche aus naturbelassener Wolle und Baumwolle ist vielseitig. Wenn es gelingt, auch diese Schwachstelle im Bekleidungskonzept in den Griff zu bekommen, wird es weniger Schnupfnasen geben.

Das Element der Farbe und das Kind

Kinder lieben Farben, lieben es bunt. Dem Erwachsenen kommt die heutzutage nicht ganz leichte Aufgabe zu, aus der grenzenlosen Vielfalt der sich aufdrängenden Farben und Farbkombinationen an der Kleidung und auch am Spielzeug diejenigen herauszufinden, die dem Kinderauge wohl tun und das Wahrnehmen der Farben in gesunder Weise fördern. Das Farberleben ergreift den ganzen Organismus und wirkt auf die Funktionen der inneren Organe. Denn die Beziehung der Kinder zur Farbe ist grundverschieden von dem, was Erwachsene an den Farben erleben.

Zum besseren Verständnis muß man sich zuerst fragen: Wie erlebt man als Erwachsener die Farben des Umkreises und wie sind ihre Wirkungen? Man reagiert ganz emotional mit seelischen Empfindungen und nennt sie schön, ansprechend, harmonisch, lebendig, zart oder hart, grell, ausdruckslos, häßlich, aggressiv. Immer antwortet das Empfindungsleben der Seele. Von allem, was nicht anspricht, wendet man sich ab und verschließt sich; was aber gefällt, dem öffnet sich das Innere des Menschen, mit dem möchte man sich verbinden.

Ganz anders erlebt das Kind im ersten Jahrsiebt und besonders in den ersten drei Lebensjahren seine Umwelt und damit auch alles Farbige. In diesem Alter arbeiten die Kräfte des Seelischen noch von außen am Menschen, im Zusammenhang mit allem, was über die umweltoffenen Sinnesorgane des Kindes in sein Inneres dringt. Das Kind, das in diesem Alter fast ganz Sinnesorgan ist, reagiert wie ein trockener Schwamm im Wasser. Was auf diese Weise ungefiltert durch das Empfindungsleben in das Innere des Leibes dringt, wird zur Richtschnur für die Ausbildung seiner Organe. «Das Kind konsumiert dasjenige, was es an der Außenwelt erlebt, wie eine Nahrung» – sagt Rudolf Steiner, und «Wenn ein Kind Farben sieht, so geschehen in ihm lebhafte Stoffwechselvorgänge. Das Kind konsumiert gewissermaßen, die äußeren Eindrücke auch bis in seinen Stoffwechsel hinein.»[25]

Diese Einsicht in das Wesen des kleinen Kindes erfordert besondere Aufmerksamkeit in bezug auf die Gestaltung seiner Umgebung. Alles, was man für es tut bezüglich Kleidung, Raumgestaltung, Farben und Formen hat nicht nur einen ästhetischen Wert, es ist Pädagogik und oft auch Therapie. Nur belehrt man in diesem Fall noch nicht die Kopfkräfte, sondern die Organe des werdenden Menschen.

Daraus ergibt sich, daß in den ersten Lebensjahren mit zarten, harmonischen Pastellfarben, wenn möglich Pflanzenfarben, um die Kleinen eine wohltuende Atmosphäre geschaffen werden sollte. Erst wenn im Kindergartenalter das Kind von sich aus nach allem greift, was in schönen Farben leuchtet, hat es auch die innere

Kraft, um mit diesen Farben umzugehen. Welche Farben soll man wählen aus der großen Farbskala?

Gewohnheitsgemäß schließt man von sich auf andere und fragt: was tut das eigene Auge, wenn es Farben sieht? Dieses vom übrigen Körper fast isolierte Organ, in dem Seelisches ebensowenig wirksam ist, wie vorläufig noch im Kind – was tut es, wenn es eine rote Fläche sieht? Es antwortet mit einem grünen Nachbild. – Auf die Frage nach einer dem Wesen des Kindes gemäßen Farbe antwortete Rudolf Steiner deshalb folgerichtig, wenn auch unerwartet:

«Anders muß im Sinne der Geisteswissenschaft ein sogenanntes nervöses, ein aufgeregtes, anders ein lethargisches, unregsames Kind in bezug auf seine Umgebung behandelt werden. Alles kommt da in Betracht, von den Farben des Zimmers und der anderen Gegenstände, welche das Kind gewöhnlich umgeben, bis zu den Farben der Kleider, die man ihm anzieht. Man wird da oft das Verkehrte tun, wenn man sich nicht von der Geisteswissenschaft leiten läßt, denn der materialistische Sinn wird in vielen Fällen gerade zum Gegenteil vom Richtigen greifen. Ein aufgeregtes Kind muß man mit roten oder rotgelben Farben umgeben und ihm Kleider aus solchen Farben machen lassen. Dagegen ist bei einem unregsamen Kinde zu den blauen oder blaugrünen Farben zu greifen. Es kommt nämlich auf die Farbe an, die als Gegenfarbe im Innern erzeugt wird. Das ist zum Beispiel bei Rot die grüne, bei Blau die orangegelbe Farbe, wie man sich leicht überzeugen kann, wenn man eine Weile auf eine entsprechend gefärbte Fläche blickt, und dann rasch das Auge auf eine weiße Fläche richtet. Diese Gegenfarbe wird von den physischen Organen des Kindes erzeugt und bewirkt die entsprechenden, dem Kinde notwendigen Organstrukturen. Hat das aufgeregte Kind eine rote Farbe in seiner Umgebung, so erzeugt es in seinem Innern das grüne Gegenbild. Und die Tätigkeit des Grünerzeugens wirkt beruhigend, die Organe nehmen die Tendenz der Beruhigung in sich auf.»[26]

Wie man den jungen Baum an einen Pfahl bindet, damit er gerade wächst, so kann man mit geeigneten Farben einer inneren Fehlentwicklung beim Kind entgegenwirken, ehe sich eine Einseitigkeit ausbildet. Dem hier geschilderten Phänomen läßt sich im Kindergartenalter mit den sogenannten *Temperamentskittelchen* begegnen, das sind Kittelchen, die in ihrer Farbgebung auf das einseitige Temperament des Kindes abgestimmt sind, und die meist nur für ein paar Stunden am Tag getragen werden. Denn Kinder brauchen viele Farben, wenn man nicht neue Einseitigkeiten schaffen will.

Temperamentskittelchen

In den ersten drei Lebensjahren wirkt die gleiche Gesetzmäßigkeit beim Farberleben, man wird aber hier, wie schon angedeutet, zarte Farbtöne wählen, wie das Pfirsichblüt beim Wiegenschleier.

An diesem Beispiel des unterschiedlichen Erlebens von Kind und Erwachsenem gegenüber der farbigen Welt wird eine Lebensgesetzmäßigkeit unmittelbar zur Erfahrung, die auch auf anderen Gebieten, wie zum Beispiel dem Wärmeerleben des kleinen Kindes, ihre Gültigkeit hat: *Was im ersten Jahrsiebt physisch auf das Kind einwirkt, wird im späteren Leben zu einer seelischen Qualität.*

Die Muster und Motive

Die Beschäftigung mit der Farbe wirft gleich mehrere Fragen im Zusammenhang mit der Muster- und Motivgestaltung auf. Können Kinder in den ersten Lebensjahren die Muster überhaupt erkennen? – Wie wirken systematisch gegliederte Mustereinteilungen auf das kindliche Empfinden für Formen? – Wie erleben Kinder figürliche Darstellungen, und was verbinden sie damit?

Nach allem, was bereits über die Augen der Allerkleinsten gesagt werden mußte, wird verständlich, daß auch die sogenannten «kindertümlichen» Motive auf Tapeten, Gardinen, der Bettwäsche, an Möbeln wie am Nachtopf und natürlich auch an der Bekleidung auf das Kind eher im Ganzen beunruhigend wirken, als daß es zunächst irgend einen speziellen Eindruck davon bekommt, wie es der Vorstellung des Erwachsenen entspricht. Was das Kind wirklich braucht, ist eine ruhige, warme Atmosphäre. Die Bettwäsche ist am vorteilhaftesten in neutralem Weiß gehalten, die Babykleidung in einer zarten Farbe oder in zwei aufeinander abgestimmten, freundlichen Farbtönen hat am besten noch gar kein Muster. Dasselbe gilt für die Gardinen und die Wände des Kinderzimmers, die in angenehmem Pastellfarben gehalten sein sollten und deren Schmuck zum Beispiel ein schönes Engelbild oder die Sixtinische Madonna sein könnte. Erst allmählich üben sich die Kinderaugen im Erkennen und Unterscheiden. Ein solcher Bildeindruck bewirkt mehr Positives und Aufbauendes im Leben des kleinen Kindes als alle «kindertümlichen» Motive.

Für das Kind im Kindergartenalter kann die Farbe des Raumes auf das Wesen des Kindes abgestimmt werden. Auf figürliche Darstellungen kann aber auch jetzt verzichtet werden. Die Phantasie der Kinder zaubert so viel Leben in den Umkreis, daß man nur die Flügel dieser Phantasie stutzen würde, wenn man zu viele fertige Bilder anbietet. Darum darf auch das Kinderbett nicht zum Tummelplatz von allerlei fratzenhaften Tiergestalten werden. Die Umgebung des Kindes soll Ruhe verbreiten und ein Kraftzentrum sein. Die Kinderkleidung, diese Hülle für die heranwachsende Individualität, soll dem Wesen des Kindes gerecht werden, sie darf nicht zur Werbefläche für «kindertümliche» Fernsehserien werden. Von der Strampelhose bis zum T-Shirt sind diese Gestalten, die an Häßlichkeit oft nicht zu überbieten sind, überall vertreten. Was sind das für Vorbilder? Welche Formen prägen sich schon im frühesten Kindesalter den Sinnen und damit dem ganzen Menschen ein? So werden die Anlagen im Kind, aus denen sich einmal der Sinn für das Wahre, Schöne und Gute entfalten soll, schon frühzeitig bis tief in die leiblichen Untergründe geschädigt und in die falsche Richtung gelenkt. In dieser Altersstufe ist Kleidung nicht nur Schutz vor Kälte und Krankheit und auch kein modisches Attribut, sie wird zugleich zum Erden-Erfahrungsfeld für das Kindeswesen.

Daneben gibt es noch immer die altbewährten Muster, die Streifen, Karos, Punkte und Blumen, sowie Phantasiemuster. Für die Allerjüngsten sind auch solche Muster ungeeignet. An den vielen Ecken der Karos stößt sich das zarte Auge des Kindes, und die harten Streifen zerschneiden die

ruhige Fläche. Diese zergliedernden Muster sind auch «Eindrücke», die vom Kind tief empfunden werden. Alles Lebendige entwickelt sich in der Sphäre. Das Ei, das Samenkorn und auch der Embryo in der mütterlichen Fruchtblase veranschaulichen das Walten der Natur. Ein Bild für diesen Kosmos im Kleinen wie auch für den großen, weiten Kosmos ist der Ball, das Runde. Das entspricht dem, was zunächst auch noch tief innerlich im Kind veranlagt ist. Diese innere Erlebniswelt soll vorerst noch nicht durch harte, graphische Musterformen von außen überformt werden. Lassen wir das Kind allmählich in die Welt der Erwachsenen hineinwachsen, dann wird es sich kraftvoller ins Leben stellen können. Darum sind Muster für Kinderkleidung klein, dezent und unaufdringlich und keinesfalls großflächig in aufdringlichen Farben. Die Kinderkleidung soll nicht in Farbe und Musterung das Wesen des Kindes übertönen.

Anmerkungen

1 Rudolf Steiner, aus dem Vortrag vom 11. 6. 1924. Esoterische Betrachtungen karmischer Zusammenhänge. Band 5, GA 239, Rudolf Steiner Verlag, Dornach 1985.

2 Alla Selawry, Kiesel und Kalk, Bildungsprozesse im menschlichen Organismus und im Erdorganismus. Neu-Aufbau Biologisch-Dynamischer Landbau 1945–1949.

3 Der Internationale Kinderhilfsfonds UNICEF wies darauf hin, daß Kinder 40-50 Mal mehr auf Umweltbelastungen reagieren als ein 40jähriger Mann.

4 Die Verbraucherzentralen (z.B. Hamburg, Baden-Württemberg, Schleswig-Holstein) veröffentlichen laufend ihre Umfrageergebnisse über enzymfreie und duftstofffreie Kosmetika und Waschmittel und geben Informationsblätter gegen eine Schutzgebühr ab. Erhältlich bei allen Verbraucherzentralen.

5 Rudolf Steiner, Die Erziehung des Kindes vom Gesichtspunkt der Geisteswissenschaft; Rudolf Steiner Verlag, Dornach 1992.

6 «Um diese Arbeit vollbringen zu können, braucht das Kind besonders viel Wärme, vor allen Organen ist die Leber in hohem Grade wärmebedürftig. Wird das Neugeborene nicht genügend warm gehalten, so erleidet es eine schwere Gelbsucht, die ihm gefährlich werden kann. ...Zunächst ist die Produktion der Eigenwärme beim Kind noch sehr gering, und auch die Regulierung seiner Wärme ist dem Kind aus eigener Kraft noch nicht möglich.» Dr. med. Wilhelm zur Linden, Geburt und Kindheit. Vittorio Klostermann, Frankfurt a.M. 1991.

7 Rudolf Steiner, aus dem Vortrag vom 6. 1. 1922. Die gesunde Entwicklung des Leiblich-Physischen als Grundlage der freien Entfaltung des Seelisch-Geistigen, GA 303, Rudolf Steiner Verlag, Dornach 1987.

8 Asbest und Kaseinkunstseide sind keine Fasern, die für Bekleidung geeignet sind. Die Kasein-Faser ist nicht naßfest, sie hat nur im technischem Bereich Bedeutung. Asbest ist wegen seiner isolierenden Eigenschaften früher als Schutzkleidung (Asbesthandschuhe ec.) eingesetzt worden, denn als Gestein brennt es nicht und leitet die Wärme nicht. Damit hatte diese Mineralfaser vor dem Aufkommen moderner, flammhemmender Textilien einstmals eine wichtige Funktion: sie schützte den Menschen, indem sie ihn abschirmte.

Moderne synthetische Textilien wie Perlon und Nylon erinnern in ihren Trageeigenschaften an ihre mineralische Herkunft. In solcher Kleidung fühlt man sich oft wie abgeschirmt von der Umgebung, weil statt eines Feuchtigkeits- und Wärmeaustauschs sich Feuchtigkeit und Wärme stauen. Es gibt inzwischen ein breites Angebot an Textilien aus synthetischen Fasern auf mineralischer Basis, aber es müssen große Anstrengungen unternommen werden, z.B. durch Ausrüsten, wie etwa das Texturieren (Kräuselung der Faser), um die glatte Kunstseide in ihren Eigenschaften den Naturfasern anzugleichen, sie luftdurchlässig zu machen sowie ein gewisses Feuchtigkeitsaufnahme- und -ableit-vermögen zu erreichen, denn synthetische Fasern quellen nicht. Alle diese Maßnahmen zur Veredlung hinterlassen ihre zum Teil recht gesundheits-schädigenden Spuren in unserer Kleidung, wie Phenol und Harnstoff-Formaldehydharze, die bei-de als krebserregend gelten und in anderem Zu-sammenhängen verboten sind – nur bei der haut-nahen Hülle, der Kleidung noch nicht.

9 Rudolf Steiner, aus den Vorträgen vom 16. 5. und 1. 6. 1908. Das Hereinwirken geistiger Wesenheiten in den Menschen, GA 102, Rudolf Steiner Verlag, Dornach 1984.

10 Bezugsadressen von Naturtextilien finden sich im Inserententeil der Zeitschrift «Mensch und Klei-dung», Siegfried Traub Verlag, 73650 Winterbach-Manolzweiler, Kaiserstraße 4.

11 Simeon Pressel, Bewegung ist Heilung. Verlag Frei-es Geistesleben Stuttgart 1994. In den gesammel-ten Aufsätzen weist Dr. med. Simeon Pressel im Hinblick auf den Muskelmenschen, den Knochen-menschen und der Wärme als Grundlage alles Le-bens vor allem auf die Bedeutung der frühen Kind-heit für das spätere Leben hin. «Für den Geistes-arbeiter ist wollene Kleidung so förderlich, weil in dieser Atmosphäre gerade die höheren Seelenfä-higkeiten des Menschen sich freier entfalten kön-nen. Dagegen ist der Kunststoff lebensfeindlich. Der kindliche Organismus ist in seinen höheren Entwicklungskeimen wohl von ähnlicher Empfind-

lichkeit. Aber auch die leibliche Gesundheit ge-deiht am besten bei ausreichend warmer Umhül-lung besonders des unteren Körpers (Knie und Fuß). Wenn ein Kind sich immer wieder erkältet, sollte man einmal regelmäßig seine Fußtemperatur messen. Dazu steckt man ein Thermometer zwi-schen ersten und zweiten Zeh und sollte hier etwa 30°C oder mehr vorfinden; das Defizit zeigt die Gefahr neuer Erkrankungen.»
Vgl. auch: W. Chr. Simonis, Wolle und Seide. Der Mensch als Wärmewesen und seine Bekleidung. 6. Auflage, bearbeitet von Juliane Endlich, Verlag Freies Geistesleben, Stuttgart 1995

12 Bezugsadressen für Schafwolle und Schaffelle di-rekt vom Bauernhof und auch von Demeter-Bau-ernhöfen sind in dem Taschenbuch «Hol's beim Bauern» zu finden, das in getrennten Ausgaben für verschiedene Regionen erscheint.

13 Rudolf Steiner, aus dem Vortrag vom 26. 10. 1923. Der Mensch als Zusammenklang des schaffenden, bildenden und gestaltenden Weltenworts. GA 230, Rudolf Steiner Verlag, Dornach 1993.

14 Meike Ried, Warum das Textil aus 100% Baumwol-le nicht zu 100% aus Baumwolle besteht. Aus: Das Öko-Textilbuch. Chemie im Kleiderschrank, Ro-wohlt Verlag, Reinbek.

15 Bernhard Rosenkranz – Edda Casteló, Textilien im Umwelt-Test, Rowohlt Verlag, Reinbek 1994. «Durch die Wäsche vor dem ersten Tragen wird der Gehalt an freiem Formaldehyd bzw. an Glyoxalverbindun-gen reduziert, allerdings reicht nur einmaliges Waschen nicht aus. Überdies kann so überschüssige Farbe ausbluten.»
Bei längerem Liegen werden immer wieder erneut

Formaldehydverbindungen freigesetzt, so daß man Baumwollsachen am besten häufig trägt und wäscht.

16 Das Phänomen der elektrostatischen Aufladung, das auch bei Angorahaar auftritt und in manchen Fällen sogar bei Schafwolle möglich ist, zeigt sich immer dann, wenn das Kleidungsstück absolut trocken ist. Diese Voraussetzung trifft vor allem bei Fasern zu, die keine Quell- und Saugfähigkeit haben wie die meisten synthetischen Fasern. Gerade diese Eigenschaften zeichnen aber die Schafwolle aus, die allein schon durch die natürliche Feuchtigkeit der Luft niemals völlig trocken ist. Durch diesen, wenn auch noch so geringen Feuchtigkeitsanteil können keine elektrostatischen Spannungsfel- der entstehen.

17 Bernd Roßlenbroich, Die rhythmische Organisation des Menschen. Verlag Freies Geistesleben, Stuttgart 1994. Die interessanten Forschungsergebnisse von Bernd Roßlenbroich führten ihn zu folgender Aussage:
«Beobachtet man nun den lebendigen Organismus im zeitlichen Ablauf genauer, so zeigt sich, daß allen Lebensvorgängen periodisch gegliederte, rhythmische Prozesse zugrunde liegen. Diese Rhythmen sind ein Grundphänomen des Lebendigen überhaupt.»
Ein besseres Verständnis für die hier angesprochenen Zeitstrukturen des Organismus kann dazu beitragen, die Lebensqualität zu erhöhen und die Gesundheit zu verbessern. Vor allem wird man aber den werdenden Menschen, das Kind, in einen rhythmisch gegliederten Tagesablauf einbinden, denn, wie der Autor feststellt, sind es die «Zeitgeber, die von außen über die tastenden Sinne die innere Uhr des lebendigen Organismus regeln.»

18 Werner Schüpbach, Die Entwicklung des Farbensinnes und das Farberleben des Menschen, Novalis Verlag, Freiburg 1970.

19 Matthäusevangelium Kap. 26, Vers 41

20 Claudia Bruder, Babies natürlich wickeln, Alternativen zur luftdichten Verpackung. Rowohlt Verlag, Reinbek.

21 Wollene Windelhose, Modell Frau Lissy Heuvelmann aus der Vierteljahresschrift «Mensch und Kleidung» Zeitschrift für menschengemäße Bekleidung, Heft 59 /1994 Siegfried Traub-Verlag, 73650 Winterbach-Manolzweiler Kaiserstr. 4.

22 Beiträge zum Thema vom Ulrich Klodt, Dr. med. K. G. Doenges, Dr. H. v. Kügelgen in «Mensch und Kleidung», Heft 59/1994. (siehe Anm. 21)

23 Arbeitsanleitung für eine Latzhose aus Gabardine, Modell Angelika Wolk-Gerche, aus «Mensch und Kleidung», Heft 30/1987. (siehe Anm. 21)

24 Traute Nierth / Ulrich Rösch, Kinder-Bekleidung, Anregungen zur Beurteilung, Gestaltung und Schnittform. Werkbücher für Kinder, Eltern und Erzieher, Heft 10. Verlag Freies Geistesleben, Stuttgart 1992.

25 Rudolf Steiner, Vortrag vom 26. 12. 1921. Die gesunde Entwicklung des Leiblich-Physischen als Grundlage der freien Entfaltung des Seelisch-Geistigen. GA 303, Rudolf Steiner Verlag, Dornach 1987.

26 Rudolf Steiner, Die Erziehung des Kindes vom Gesichtspunkt der Geisteswissenschaft, (siehe Anm. 5.)

In love with nature

7. Die konsequent ökologische Qualität ist ideal für sensible Babyhaut.

1. Die Baumwolle stammt aus biologisch dynamischem Landbau in Ägypten.

6. Mit fairen Preisen wird den Menschen in Ägypten ihr Einkommen gesichert.

CoTToN PEOPLE®
organic

2. Sie wird ohne chemische Hilfsmittel versponnen.

Natürliche Kindertextilien

5. Alle Zutaten sind ökologisch unbedenklich - z.B. Knöpfe aus Holz oder Nüssen, nickelfreien Nieten und Reißverschlüsse.

4. Die Textilien werden lediglich mechanisch mit Wasserdampf behandelt und laufen beim Waschen nur ca. 4 % ein.

3. Das Garn wird mit schwermetallfreien Reaktivfarben gefärbt, umweltfreundlich gewaschen und gestrickt.

Bezugsquellen:
Alle **dm-drogerie markt-Filialen** und die **AlnaturA-Läden** in Kassel, Mannheim, Ludwigshafen und Karlsruhe.
Bei Fragen wenden Sie sich bitte an: Cotton People organic, Darmstädter Str. 3, 64404 Bickenbach

Arbeitsmaterial aus den Waldorfkindergärten

1 Spielzeug – von Eltern selbstgemacht

Von *Freya Jaffke*.
100 Seiten mit zahlreichen Zeichnungen, kartoniert.

2 Getreidegerichte – einfach und schmackhaft

Von *Freya Jaffke*.
52 Seiten, kartoniert.

3 Färben mit Pflanzen

Textilien selbst gefärbt. Historisches und Rezepte für heute, dargestellt und illustriert von *Renate Jörke*.
71 Seiten, kartoniert.

4 Singspiele und Reigen

für altersgemischte Gruppen. Zusammengestellt von *Suse König*.
56 Seiten, kartoniert

5 Kleine Märchen und Geschichten

zum Erzählen und für Puppenspiele.
55 Seiten, kartoniert.

6 Rhythmen und Reime

Gesammelt bei der Vereinigung der Waldorfkindergärten Stuttgart.
64 Seiten, kartoniert.

Verlag Freies Geistesleben

Arbeitsmaterial aus den Waldorfkindergärten

7 Puppenspiel

Anleitungen für die Einrichtung verschiedener Spielmöglichkeiten und die Herstellung einfacher Figuren. Von *Freya Jaffke*.
68 Seiten, kartoniert.

8 Hänschen Apfelkern

Kleine Märchen und Geschichten zum Erzählen und Spielen. Gesammlt und bearbeitet von *Bronja Zahlingen*.
50 Seiten, kartoniert.

9 Zwerge

Wie man sie sieht, wie man sie macht, wie man mit ihnen umgeht. Zusammengestellt von *Johanna-Veronika Picht*.
54 Seiten, kartoniert.

10 Tanzt und singt!

Rhythmische Spiele im Jahreslauf. Zusammengestellt von *Freya Jaffke*, mit Zeichnungen von Christiane Lesch.
100 Seiten, kartoniert.

11 Das spielende Kind

Beobachtungen und Erfahrungen einer Kindergärtnerin. Von *Ingeborg Haller*. Mit Zeichnungen von Almuth Regenass-Haller.
67 Seiten, kartoniert.

Verlag Freies Geistesleben

Arbeitsmaterial aus den Waldorfkindergärten

12 Spiel mit uns!

Gesellige Spiele für Kinder von 3 – 6 Jahren. Von *Freya Jaffke*. Mit Zeichnungen von Christiane Lesch. 80 Seiten, kartoniert.

13 Spielen und arbeiten im Waldorfkindergarten

Von *Freya Jaffke*.
65 Seiten mit farbigen Fotos, kartoniert.

14 Feste im Kindergarten und Elternhaus, Teil 1

Advent – Weihnachten – Drei Könige – Fasching. Von *Freya Jaffke*. Mit Illustrationen von Christiane Lesch. 78 Seiten, kartoniert.

15 Feste im Kindergarten und Elternhaus, Teil 2

Ostern – Pfingsten – Johanni – Michaeli – Laternenfest – Geburtstag. Von *Freya Jaffke*. MIt Illustrationen von Christiane Lesch.
101 Seiten, kartoniert.

16 Gestalten mit Holz für Kinder

Von *Freya Jaffke*. Mit Illustrationen von Edgar Bayer. 87 Seiten, kartoniert.

Verlag Freies Geistesleben

Werkbücher für Kinder, Eltern und Erzieher

Verlag Freies Geistesleben

1 Wir spielen Schattentheater

Anregungen für eine einfache Bühne, kleine Szenen und drei Märchenspiele. Mit zahlreichen Zeichnungen und Scherenschnitten von *Erika Zimmermann*. 72 Seiten, kartoniert

2 Advent

Praktische Anregungen für die Zeit vor Weihnachten. Zusammengestellt von *Freya Jaffke*. Mit Zeichnungen von Christiane Lesch und farbigen Abbildungen. 59 Seiten, kartoniert

3 Bilderbücher mit beweglichen Figuren

Anregungen und Anleitung zum Selbermachen, von *Brunhild Müller*. 57 Seiten, kartoniert

4 Wir spielen Kasperle-Theater

Die Bedeutung des Kasperle-Spiels, die Herstellung von Puppen und Bühne und zehn kleine Szenen. Von *A. Weissenberg-Seebohm, C. Taudin-Chabot* und *C. Mees-Henny*. Aus dem Holländischen von Arnica Esterl. 92 Seiten mit 7 farbigen und 56 schwarzweißen Abbildungen, kartoniert

5 Mit Kasperle durch das Jahr

Vier große Kasperle-Stücke, von *A. Weissenberg-Seebohm*. Aus dem Holländischen von Arnica Esterl. 56 Seiten, kartoniert

Werkbücher für Kinder, Eltern und Erzieher

7 Spielen mit Wasser und Luft

Von *Walter Kraul*.
70 Seiten mit zahlreichen Zeichnungen und Fotos, kartoniert

8 Spielen mit Feuer und Erde

Von *Walter Kraul*.
59 Seiten mit zahlreichen Zeichnungen und Fotos, kartoniert

9 Malen mit Wasserfarben

Von *Brunhild Müller*.
49 Seiten mit zahlreichen farbigen Abbildungen, kartoniert

10 Kinderbekleidung

Von *Ulrich Rösch* und *Traute Nierth*.
92 Seiten mit zahlreichen farbigen und schwarzweißen Abbildungen, kartoniert

11 Pflanzenfärben ohne Gift

Neue Rezepte zum Färben von Wolle und Seide. Von *Eva Jentschura,* mit Illustrationen von Heidi-Charlotte Geister.
56 Seiten mit zahlreichen Abbildungen, kartoniert

12 Gestalten mit farbiger Wolle

Von *Dagmar Schmidt* und *Freya Jaffke*.
75 Seiten mit zahlreichen farbigen Abbildungen, kartoniert

Verlag Freies Geistesleben

Das bunte Jahr

Frühjahrsschmuck

Anregungen zum Basteln und Schmücken
von Thomas und Petra Berger
88 Seiten mit zahlreichen farbigen Abbildungen
und Fotos, gebunden

Herbstschmuck

Anregungen zum Basteln und Schmücken
von Thomas Berger
80 Seiten mit zahlreichen Abbildungen und farbigen Fotos, gebunden

Weihnachten

Anregungen zum Basteln und Schmücken
von Thomas Berger
86 Seiten mit zahlreichen farbigen Abbildungen
und Zeichnnungen, gebunden

Jahreszeitentische

Anregungen zur Gestaltung des Jahreslaufs in der
Familie von Marjolein van Leeuwen und Jos
Moeskops
96 Seiten mit zahlreichen farbigen und schwarzweißen Abbildungen, gebunden

Spielen und Basteln
mit Büchern aus dem
Verlag Freies Geistesleben